ZS

2. Auflage 2005
ISBN 3-89883-128-0

Grafische Gestaltung	Georg Feigl, Jürgen Endriß (Netzwerk GbR)
Rezeptfotos	Christian R. Schulz, Andrea Kramp-Gölling und Bernd Gölling
Foodstyling	Monika Schuster, Hermann Rottmann
Rezeptbearbeitung	Monika Reiter, Gerlinde Reiter
Redaktion	Kathrin Ullerich, Alexandra Schlinz, Nicole Fischer
Herstellung	Karin Mayer, Peter Karg-Cordes
Lithografie	Christinc Rühmer
Druck & Bindung	Mohn Media · Mohndruck GmbH, Gütersloh

In Zusammenarbeit mit dem Bayerischen Fernsehen und
der TR-Verlagsunion GmbH, München

Besuchen Sie uns auch im Internet unter www.zsverlag.de

schuhbecks

Hausmannskost

ITALIEN

ZABERT SANDMANN

INHALT

VORWORT

Das Verhältnis zwischen Bayern und Italienern ist ein ganz besonderes. Die Bayern schätzen die südländische Lebensart: Nicht umsonst spricht man von München auch gern als der nördlichsten Stadt Italiens. Was liegt also näher, als diese transalpine Leidenschaft auch in der Küche fortzuführen? Deshalb habe ich meine bayerisch-italienische Hausmannskost für Feinschmecker kreiert. Meine Gerichte erheben nicht den Anspruch, so zu sein wie das Original, haben aber eindeutig einen südländischen Charakter. Dieses Küchen-Crossover hat so viele begeistert, dass ich noch einmal im Land, wo die Zitronen blühen, unterwegs war, um Anregungen für meine Rezepte zu sammeln.

Was man von den Italienern lernen kann, ist ihre schlichte und einfache Art zu kochen. Die Italiener achten den Eigengeschmack der Zutaten, die zarten Aromen von Olivenöl, Knoblauch, Thymian, Salbei und Basilikum. So gefühl- und respektvoll, wie sie es uns vormachen, sollten Kräuter und Gewürze in der modernen Küche verwendet werden. Aber nicht nur die Dosierung ist entscheidend, sondern auch wann und wie man Kräuter und Gewürze optimal einsetzt. Das mag zunächst kompliziert klingen, ist im Grunde aber ganz einfach. In meinen Rezepten finden Sie dazu immer genaue Angaben. Sie werden überrascht sein, welch neue Geschmackserlebnisse sich offenbaren!

Für dieses Kochbuch habe ich wieder versucht, die Sonne des Südens in meinen Gerichten einzufangen. Dafür bin ich extra den Geheimnissen typischer Delikatessen auf den Grund gegangen. Ich habe Wein und Grappa probiert, habe mir in Parma die Produktion der berühmten Käseräder angeschaut und habe den Schinkenherstellern in San Daniele und Zibello über die Schulter geschaut. Und dabei haben mir einheimische Feinschmecker so ganz nebenbei das ein oder andere kulinarische Geheimnis verraten.

Mein Fazit: Kaum einer versteht es so zu genießen wie die Italiener. Auf die Frage, was er sich vom Leben wünscht, hat mir ein Venezianer gesagt: »Buon mangiare e vivere«, gut zu essen und zu leben. Dass Sie gut essen und genießen können, dabei kann ich Ihnen ein bisserl helfen. Und schön leben, das können Sie selbst viel besser.

Ihr Alfons Schuhbeck

ANTIPASTI

Variationen von Tomaten mit Mozzarella

Für die Tomaten-Mozzarella-Scheiben:

4 Scheiben Toastbrot
4 Tomatenscheiben (in Mozzarellagröße)
Salz · Pfeffer aus der Mühle
4 Scheiben Mozzarella
1 TL Thymianblättchen
5 EL Olivenöl

Für die Auberginen-Mozzarella-Packerl:

je 1 EL Piment- und Korianderkörner · 1 Ei
½ EL frisch geriebener Parmesan
Salz · Pfeffer aus der Mühle
frisch geriebene Muskatnuss
8 dünne Auberginenscheiben
4 Scheiben Mozzarella
getrockneter Oregano
50 g Mehl
50 g Ciabattabrösel
3 EL Olivenöl

Für 4 Personen

1 Für die Tomaten-Mozzarella-Scheiben aus dem Toastbrot Kreise in Größe der Mozzarellascheiben ausstechen. Die Brotkreise vorsichtig quer halbieren, sodass 2 dünne Scheiben entstehen.

2 Vier Brotscheiben mit je 1 Tomatenscheibe belegen und mit Salz und Pfeffer würzen. Je 1 Mozzarellascheibe darauf legen, mit Thymianblättchen bestreuen und mit dem restlichen Brot bedecken. Das Olivenöl in einer Pfanne erhitzen und die Tomaten-Mozzarella-Scheiben darin bei sehr milder Hitze auf beiden Seiten goldbraun braten.

3 Für die Auberginen-Mozzarella-Packerl die Piment- und Korianderkörner in eine Gewürzmühle füllen. Das Ei mit dem Parmesan verquirlen und mit Salz, Pfeffer, Muskatnuss und der Mischung aus der Gewürzmühle würzen.

4 Aus den Auberginenscheiben Kreise in der Größe der Mozzarellascheiben ausstechen. Die Mozzarellascheiben mit Salz, Pfeffer und Oregano würzen. Je 1 Scheibe Mozzarella zwischen 2 Auberginenscheiben legen.

5 Die Auberginen-Mozzarella-Packerl erst im Mehl, dann in der Ei-Parmesan-Mischung und zuletzt in den Ciabattabröseln wenden. Das Olivenöl in einer Pfanne erhitzen und die Packerl darin bei milder Hitze auf beiden Seiten goldbraun braten. Auf Küchenpapier abtropfen lassen. Besonders gut passen die Tomaten-Mozzarella-Scheiben und die Auberginen-Mozzarella-Packerl zu einer gelierten Tomatensuppe (siehe Seite 12).

MEIN TIPP

Wenn man diese Vorspeisen in größeren Mengen (z. B. als Fingerfood für ein Büfett) zubereiten möchte, kann man sie pfannenweise braten und bis zum Servieren bei 50 °C bis 70 °C warm halten.

Gelierte Tomaten-suppe mit Mozzarella

Für die Suppe:

je 1 EL Piment- und Korianderkörner
700 g geschälte Tomaten (aus der Dose)
1 Knoblauchzehe
½ Zwiebel
4 EL Olivenöl
4 cl Vin Santo (ital. Dessertwein)
350 ml Gemüsebrühe
1 Lorbeerblatt
6 Blatt Gelatine
Salz · Cayennepfeffer
frisch geriebene Muskatnuss
1 EL Basilikum (in feine Streifen geschnitten)
Zucker

Fum Fertigstellen:

8 Mini-Mozzarellakugeln
einige kleine Basilikumblättchen

Für 4 Personen · siehe Foto Seite 11

1 Für die Suppe die Piment- und Korianderkörner in eine Gewürzmühle füllen. Die Dosentomaten samt Saft mit dem Stabmixer pürieren. Den Knoblauch schälen und in dünne Scheiben schneiden. Die Zwiebel schälen und in kleine Würfel schneiden.

2 In einem Topf 1 EL Olivenöl erhitzen und die Zwiebel darin glasig anschwitzen. Mit dem Vin Santo ablöschen. Knoblauch und Tomaten hinzufügen und mit der Gemüsebrühe aufgießen. Das Lorbeerblatt dazugeben und alles mit der Mischung aus der Gewürzmühle würzen. Die Suppe knapp unter dem Siedepunkt 20 Minuten ziehen lassen.

3 Die Suppe in ein mit einem Küchentuch ausgelegtes Sieb gießen, die Flüssigkeit mehrere Stunden ablaufen lassen und auffangen. Von der klaren Tomatensuppe 600 ml abmessen. Das übrig gebliebene Tomatenfruchtfleisch durch ein Sieb streichen, um die Kerne zu entfernen.

4 Die Gelatine in kaltem Wasser einweichen. Einen Teil der Tomatensuppe erwärmen, die Gelatine ausdrücken, in der warmen Tomatensuppe auflösen und unter die restliche Tomatensuppe rühren. Mit Salz, Cayennepfeffer und Muskatnuss würzen und im Wasserbad auf Eiswasser vorsichtig mit einem Küchenspatel kalt rühren. Dabei sollten möglichst keine Luftblasen entstehen.

5 Sobald die klare Tomatensuppe zu gelieren beginnt, das Basilikum unterrühren. Die Suppe in Gläser füllen und im Kühlschrank 2 Stunden fest werden lassen. Das Tomatenfruchtfleisch mit dem restlichen Olivenöl verrühren und mit Salz, Zucker, Muskatnuss und Cayennepfeffer abschmecken.

6 Zum Fertigstellen jeweils etwas Tomatenfruchtfleisch auf die gelierte Tomatensuppe geben und mit halbierten Mini-Mozzarellakugeln und Basilikumblättchen garnieren.

Carpaccio von Schwert- und Thunfisch

Für 4 Personen

1 Für das Carpaccio die Fischfilets waschen, trockentupfen und in dünne Scheiben schneiden. Zitrusschale und -saft mit Salz, Zucker und Pfeffer verrühren, das Olivenöl unterschlagen. Etwas Marinade auf Teller verteilen, je 2 Schwert- und Thunfischscheiben darauf legen. Mit Marinade beträufeln, mit Fleur de sel und Pfeffer würzen.

2 Für die Crostini die Brotscheiben in 2 bis 3 EL Olivenöl goldbraun braten. Die Schalotten schälen und in kleine Würfel schneiden. Den Stielansatz der Tomaten entfernen, die Tomaten kreuzweise einritzen und 20 Sekunden in kochendes Wasser tauchen. Kalt abschrecken, häuten, vierteln, entkernen und in Würfel schneiden. Pilze putzen, trocken abreiben und in Würfel schneiden. Die Oliven in Würfel schneiden. Den Rucola verlesen, waschen, trockenschütteln und klein schneiden. Die Zutaten und die Kapern mit Salz, Pfeffer, Limettensaft und dem restlichen Olivenöl mischen. Die Gemüsemischung auf die Crostini verteilen, mit dem Carpaccio servieren.

Für das Carpaccio:

je 300 g Schwert- und Thunfischfilet · abgeriebene Schale und Saft von je ½ unbehandelten Orange und Limette · Salz
Zucker · Pfeffer aus der Mühle
5 EL Olivenöl · Fleur de sel

Für die Crostini:

16 dünne Scheiben Baguette
5 EL Olivenöl · 2 Schalotten
3 Tomaten · 80 g Champignons
2 EL schwarze Oliven (entsteint)
½ Bund Rucola · 2 TL eingelegte Kapern · 1-2 EL Limettensaft

Dreierlei Brotaufstriche

Für den Kichererbsenaufstrich:

je 1 EL Kreuzkümmel- und Kardamomkörner
200 g Kichererbsen (aus der Dose)
50 ml Gemüsebrühe
100 g Mascarpone · 1 EL Olivenöl
Salz · ½ TL Currypulver
Cayennepfeffer
60 g Parmaschinken (hauchdünn geschnitten)

Für die kandierten Tomaten:

6 reife Tomaten
Öl für das Blech
1 Knoblauchzehe
1 kleiner Rosmarinzweig
1 TL Puderzucker
Olivenöl

Für den Auberginenaufstrich:

300 g grobes Meersalz
3 Rosmarinzweige
1 große Aubergine · Salz
3 EL Olivenöl
3 eingelegte Sardellenfilets
2 kandierte Tomatenfilets (siehe Rezept oben)
2 Schalotten
1 Msp. Knoblauch (gehackt)
100 g Mascarpone · 50 g Ricotta
1 TL eingelegte Kapern
Cayennepfeffer

Für 4 Personen

1 Für den Kichererbsenaufstrich die Kreuzkümmel- und Kardamomkörner in eine Gewürzmühle füllen. Die Kichererbsen auf einem Sieb gut abtropfen lassen und mit der Gemüsebrühe mit dem Stabmixer fein pürieren. Den Mascarpone und das Olivenöl unterrühren. Die Kichererbsencreme mit Salz, Currypulver, Cayennepfeffer und der Mischung aus der Gewürzmühle würzen. Nach Belieben Ciabatta- oder andere Brotscheiben mit dem Kichererbsenaufstrich bestreichen und mit Parmaschinkenscheiben belegen.

2 Für die kandierten Tomaten den Backofen auf 120 °C vorheizen. Den Stielansatz der Tomaten entfernen, die Tomaten kreuzweise einritzen und etwa 20 Sekunden in kochendes Wasser tauchen. Kalt abschrecken, häuten, vierteln und entkernen. Die Tomatenviertel mit der gewölbten Seite nach oben auf ein geöltes Backblech legen. Den Knoblauch schälen und in dünne Scheiben schneiden, die Rosmarinnadeln abstreifen und grob hacken. Die Tomatenfilets leicht mit Puderzucker bestäuben, Knoblauch und Rosmarin darauf verteilen und mit 1 bis 2 EL Olivenöl beträufeln. Im vorgeheizten Ofen auf der mittleren Schiene 1 bis 2 Stunden trocknen bzw. kandieren lassen. Die kandierten Tomaten in einem Schraubglas mit Olivenöl bedeckt kühl aufbewahren – so halten sie sich mehrere Wochen.

3 Für den Auberginenaufstrich den Backofen auf 200 °C vorheizen. Das Meersalz auf einem Backblech verteilen und die Rosmarinzweige darauf legen. Die Aubergine längs halbieren, das Fruchtfleisch über Kreuz einschneiden und die Auberginenhälften mit der Schnittfläche nach oben auf das Salzbett legen. Mit Salz würzen und mit 2 EL Olivenöl beträufeln. Die Auberginen im vorgeheizten Ofen auf der mittleren Schiene 20 bis 30 Minuten backen. Das Fruchtfleisch mit einem Löffel herauslösen und grob hacken.

4 Die Sardellenfilets und die kandierten Tomaten in feine Streifen schneiden. Die Schalotten schälen und in kleine Würfel schneiden. Schalotten und Knoblauch in 1 EL Olivenöl bei milder Hitze anschwitzen. Auberginenfleisch, Sardellen, Tomaten, Mascarpone, Ricotta, Kapern, Schalotten und Knoblauch in einer Schüssel verrühren, mit Salz und Cayennepfeffer würzen. Auf Crostini servieren.

Tomatentatar

3 Frühlingszwiebeln
2 Dörrpflaumen
5 grüne Oliven (entsteint)
5 Tomaten
1/2 Bund Rucola
1 EL eingelegte Kapern
2 TL weißer Balsamicoessig
2 EL mildes Olivenöl
Salz · Pfeffer aus der Mühle

Für 4 Personen · siehe Foto Seite 15

1 Die Frühlingszwiebeln putzen, waschen und in feine Ringe schneiden. Die Dörrpflaumen und die Oliven in möglichst kleine Würfel schneiden.

2 Den Stielansatz der Tomaten entfernen, die Tomaten kreuzweise einritzen und etwa 20 Sekunden in kochendes Wasser tauchen. Kalt abschrecken, häuten, vierteln und entkernen. Das Fruchtfleisch in kleine Würfel schneiden.

3 Den Rucola verlesen, waschen und trockenschütteln, die harten Stiele entfernen und die Blätter klein schneiden. Frühlingszwiebeln, Dörrpflaumen, Oliven, Tomaten, Rucola und Kapern mit dem Essig und dem Olivenöl mischen. Mit Salz und Pfeffer würzen. Das Tatar nach Belieben auf gerösteten Brotscheiben oder als Dip servieren.

Sizilianisches Auberginengemüse

2 EL Rosinen
3 EL Orangensaft
4 Tomaten
2 kleine Zwiebeln
2 Stangen Staudensellerie
Salz · 1 Aubergine
1 EL Puderzucker
100 ml Weißweinessig
1/8 l Gemüsebrühe
3 EL Olivenöl
1 EL eingelegte Kapern
50 g grüne Oliven (entsteint)
1 EL Pinienkerne (geröstet)
Pfeffer aus der Mühle

Für 4 Personen

1 Die Rosinen in dem Orangensaft einlegen. Den Stielansatz der Tomaten entfernen, die Tomaten kreuzweise einritzen und 20 Sekunden in kochendes Wasser tauchen. Kalt abschrecken, häuten, vierteln und entkernen. Die Zwiebeln schälen und in 2 cm große Blätter schneiden. Den Staudensellerie putzen, waschen und in Stifte schneiden. In kochendem Salzwasser blanchieren, kalt abschrecken und abtropfen lassen. Die Aubergine putzen, waschen, längs vierteln und in Scheiben schneiden.

2 Den Puderzucker in einer Pfanne bei milder Hitze karamellisieren lassen, mit dem Essig ablöschen und einkochen lassen. Die Gemüsebrühe angießen. Die Auberginen im Olivenöl auf beiden Seiten anbraten und aus der Pfanne nehmen. Die Zwiebeln im restlichen Olivenöl bei milder Hitze leicht bräunen. Auberginen, Sellerie, Rosinen mit dem Saft, Kapern, Oliven und Pinienkerne hinzufügen. Die Essigbrühe mit den Tomaten unterrühren, mit Salz und Pfeffer würzen.

Garnelen-Tintenfisch-Salat

Für 4 Personen

1 Für den Salat die Garnelen schälen, am Rücken entlang einschneiden und den Darm entfernen. Die Garnelen längs halbieren, waschen und trockentupfen, die Schalen beiseite legen. Die Garnelen in einer Pfanne in 1 EL Olivenöl bei milder Hitze etwa 1 Minute anbraten, wenden und vom Herd nehmen. Zimt, Vanilleschote, Knoblauch und Ingwer dazugeben. Die Butter hinzufügen und die Garnelen mit Salz und Pfeffer würzen. Zimt, Vanilleschote, Knoblauch und Ingwer entfernen.

2 Kopf und Arme der Tintenfische mit den Innereien aus dem Körperbeutel ziehen und das durchsichtige Fischbein entfernen. Den Kopf von den Tintenfischarmen abtrennen und darauf achten, dass dabei auch der harte »Schnabel« entfernt wird. Von den Körperbeuteln die Haut abziehen, die Beutel längs aufschneiden und die restlichen Innereien entfernen. Tintenfischbeutel und -arme unter fließendem kaltem Wasser waschen und trockentupfen. Die Tintenfischbeutel in 3 cm große Stücke schneiden und die Arme zerkleinern. Die Tintenfische mit den Thymianzweigen in einer Pfanne im restlichen Olivenöl bei mittlerer Hitze kurz braten. Mit Salz, Pfeffer, Zitronen- und Orangenschale würzen.

3 Die Honigmelone entkernen und aus dem Fruchtfleisch Kugeln ausstechen. Die Orangen mit einem scharfen Messer so großzügig schälen, dass auch die weiße Haut mit entfernt wird. Die Orangenfilets aus den Trennhäuten schneiden. Den Spargel waschen, im unteren Drittel schälen und die Stangen schräg in 2 bis 3 cm lange Stücke schneiden. Den Spargel in kochendem Salzwasser etwa 5 Minuten bissfest garen, kalt abschrecken und abtropfen lassen.

4 Für das Dressing die Garnelenschalen waschen und gut abtropfen lassen. In einer Pfanne in 1 bis 2 EL Olivenöl bei milder Hitze anschwitzen, die Gemüsebrühe angießen und das Currypulver dazugeben. Den Sud knapp unter dem Siedepunkt 10 Minuten ziehen lassen und durch ein Sieb gießen. Den Garnelensud mit dem Essig und dem Senf verrühren und das restliche Olivenöl unterschlagen. Das Dressing mit Orangensaft, Salz, Cayennepfeffer und Zucker abschmecken.

5 Zum Fertigstellen Garnelen, Tintenfische, Spargel, Orangenfilets, Melonenkugeln und die Oliven mit dem Dressing mischen und die Minzeblättchen unterheben.

Für den Salat:

16 Riesengarnelen
2 EL Olivenöl
je 1 Splitter Zimtrinde und Vanilleschote
2 Scheiben Knoblauch
1 Scheibe Ingwer · 1 EL Butter
Salz · Pfeffer aus der Mühle
500 g kleine Tintenfische (Calamari)
2 Thymianzweige
abgeriebene Schale von je 1/2 unbehandelten Zitrone und Orange
1/2 Honigmelone · 2 Orangen
250 g grüner Spargel

Für das Dressing:

7 EL mildes Olivenöl
1/4 l Gemüsebrühe
1/2–1 TL Currypulver
3 EL Rotweinessig
1 TL scharfer Senf
2 EL Orangensaft
Salz · Cayennepfeffer
Zucker

Zum Fertigstellen:

60 g schwarze Oliven (entsteint)
1 EL kleine Minzeblättchen

Italienischer Wurstsalat

Für das Dressing:

1 EL Fenchelkörner
je 1 TL Kardamom-, Senf-, Koriander- und Kreuzkümmelkörner
1 TL Puderzucker
50 ml Weißwein
80 ml Gemüsebrühe
2 EL Rotweinessig
½–1 TL Dijon-Senf
½–1 TL Meerrettich (aus dem Glas)
1 TL junger Knoblauch (gehackt)
4 EL Olivenöl
Salz · Pfeffer aus der Mühle
Zucker

Für den Salat:

400 g Mortadella (in 3 mm dicken Scheiben)
400 g Salsicce (ital. Bratwürste)
1 EL Öl · 2 rote Zwiebeln
150 g Salatgurke
120 g Cocktailtomaten
½ kleiner Zucchino
4 Eier · 100 g Pioppini-Pilze
4 kleine Artischocken
Saft von 1 Zitrone
1 EL Olivenöl
je 1 EL Petersilie und Basilikum (jeweils gehackt)
frische Meerrettichwurzel
Pfeffer aus der Mühle

Für 4 Personen

1 Für das Dressing die Gewürze in einer Pfanne ohne Fett bei mittlerer Hitze rösten, bis sie zu duften beginnen. Den Puderzucker darüber stäuben und hell karamellisieren lassen. Mit Weißwein ablöschen und etwas einköcheln lassen. Die Gemüsebrühe angießen und alles durch ein feines Sieb gießen. Essig, Senf, Meerrettich und Knoblauch unterrühren, nach und nach das Olivenöl unterschlagen. Das Dressing mit Salz, Pfeffer und 1 Prise Zucker würzen.

2 Für den Wurstsalat die Mortadella in etwa 2 x 2 cm große Stücke schneiden. Die Salsicce in einer Pfanne im Öl bei milder Hitze rundum anbraten und in Scheiben schneiden. Die Zwiebeln schälen, vierteln und quer in dünne Streifen schneiden. Die Gurke schälen, längs halbieren und die Kerne entfernen, die Gurkenhälften in dünne Scheiben schneiden. Die Cocktailtomaten waschen und halbieren, dabei den Stielansatz entfernen. Den Zucchino putzen, waschen und in dünne Scheiben schneiden oder hobeln.

3 Die Eier 10 Minuten kochen, kalt abschrecken und schälen. Die Pilze putzen und trocken abreiben. Von den Artischocken die Stiele und die holzigen äußeren Blätter abschneiden, mit einem Löffel das Heu entfernen. Die Artischockenböden sofort mit dem Zitronensaft beträufeln und in dünne Scheiben schneiden. In einer Pfanne im Olivenöl bei mittlerer Hitze etwa 2 Minuten braten. Die Pilze hinzufügen und 1 Minuten mitbraten.

4 Die vorbereiteten Zutaten mit der Petersilie und dem Basilikum in einer Schüssel vorsichtig mit dem Dressing mischen. Den Wurstsalat auf Tellern anrichten. Die Meerrettichwurzel schälen und darüber hobeln. Die Eier vierteln und den Salat damit garnieren. Mit frisch gemahlenem Pfeffer bestreut servieren.

MEIN TIPP

Rohe Salsicce bekommt man in italienischen Feinkostläden; alternativ kann man auch gut Regensburger (oder ähnliche Wurstsorten) verwenden. Pioppini-Pilze sind kleine, langstielige braunkappige Pilze, die im Ganzen verwendet werden. Sie können durch halbierte Egerlinge oder Champignons ersetzt werden.

Carpaccio vom Culatello mit Fenchel, Feigen und Kastanienhonig

Für die Marinade:

2 EL mildes Olivenöl
½ TL Kastanienhonig
1-2 EL Limoncello (ital. Zitronenlikör)
Saft von ½ Orange
½ TL abgeriebene unbehandelte Orangenschale
Salz · Pfeffer aus der Mühle

Für das Carpaccio:

je 1 EL Fenchel- und Korianderkörner
2 Fenchelknollen
1-2 EL Olivenöl
Salz · Pfeffer aus der Mühle
100 g Culatello-Schinken
3 Feigen
1-2 EL frisch geriebener Parmesan

Für 4 Personen

1 Für die Marinade das Olivenöl mit dem Kastanienhonig, dem Limoncello, dem Orangensaft und der Orangenschale in einer kleinen Schüssel verrühren. Mit Salz und Pfeffer würzen.

2 Für das Carpaccio die Fenchel- und Korianderkörner in eine Gewürzmühle füllen. Die Fenchelknollen putzen, waschen und der Länge nach in etwa 3 mm dicke Scheiben schneiden. Nur die Scheiben verwenden, die durch den Strunk zusammengehalten werden. Das Fenchelgrün beiseite legen.

3 Das Olivenöl in einer Pfanne erhitzen und die Fenchelscheiben darin bei milder Hitze auf beiden Seiten hell anbraten. Mit Salz, Pfeffer und der Mischung aus der Gewürzmühle würzen und mit etwas Marinade beträufeln.

4 Den Culatello-Schinken in hauchdünne Scheiben schneiden. Die Feigen waschen, trockentupfen und in Spalten schneiden. Schinken- und Fenchelscheiben mit den Feigen auf flachen Tellern anrichten und mit der Marinade beträufeln. Mit Parmesan und Fenchelgrün bestreut servieren.

MEIN TIPP

Culatello ist ein luftgetrockneter Schinken aus der Emilia-Romagna (siehe Seite 86). Natürlich kann man das Carpaccio auch mit anderen Rohschinkensorten wie Parma oder San Daniele zubereiten.

Käse mit Laib und Seele

Der eine ist so groß wie ein Wagenrad, der andere passt in die Handfläche. Beide sind in der italienischen Küche unentbehrlich – und obwohl sie zu einer Familie gehören, könnten sie nicht unterschiedlicher sein: Parmesan und Mozzarella. Alfons Schuhbeck hat sich an den Geburtsorten der berühmtesten italienischen Käsesorten umgeschaut.

Was wäre die Küche ohne Zufälle? Dass es die Breze gibt zum Beispiel – reiner Zufall. Hätte ein Münchner Lehrling einst nicht die Natronlauge, die er zum Putzen der Bleche gebraucht hatte, aus Versehen über das Backwerk gekippt, es hätte die Breze nie gegeben. Auch bei der »Erfindung« des Mozzarellas hat der Zufall eine wichtige Rolle gespielt. Der Legende nach soll einem neapolitanischen Käser ein Stückerl Quark vom Tisch in warmes Wasser gefallen sein. Und schon war er geboren, der Mozzarella, der heute in Italien auf (fast) jede Pizza gehört.

Streng genommen ist dieser Frischkäse mit einem Fettanteil von 50 Prozent ein Ausgezogener. Das verrät auch schon sein Name, denn das italienische Wort »mozzare« bedeutet auf Deutsch soviel wie ausziehen. Das hat folgende Bewandtnis: Nachdem der Käsebruch mit heißem Wasser überbrüht wurde, wird die Masse so lange gerührt und geknetet, bis ein Teig entsteht, der ausgezogen und dann zu den berühmten Kugeln geformt wird. Ganz ähnlich ist das Herstellungsverfahren beim großen und wesentlich feineren Bruder, dem Mozzarella di Bufala. Nur dass diese Feinschmecker-Variante eben nicht aus Kuh-, sondern aus Büffelmilch hergestellt wird: »Fior di latte«, sagt der Italiener, die Blüte der Milch. Der Büffelmozzarella ist eine echte Spezialität, ein bisserl feiner in der Struktur, eleganter und kräftiger im Geschmack. Ich kann Ihnen nur raten: Belegen Sie Ihre Pizza einmal mit Büffelmozzarella – das ist echte Hausmannskost für Feinschmecker!

Während der Mozzarella eher im Süden zu Hause ist, findet man die Wiege des wohl berühmtesten italienischen Käses im Norden, genauer gesagt in der Po-Ebene, in Parma. Der Parmesan zählt zu den ältesten Spezialitäten Italiens; bereits vor 800 Jahren wurde er urkundlich erwähnt. Die Riesenlaibe des Parmigiano Reggiano wiegen im Schnitt 38 Kilogramm. Wenn man bedenkt, dass man für 1 Kilogramm Käse rund 16 Liter Milch benötigt und dass eine Kuh rund 20 Liter Milch pro Tag liefert, dann ist das Tier mit der Milchproduktion für einen Parmesanlaib knapp einen Monat beschäftigt.

Der Parmesan ist ein streng kontrolliertes, gesetzlich geschütztes Markenprodukt. Für Echtheit und Qualität bürgt der Namenszug »Parmigiano Reggiano«, der in die goldbraune Rinde des Hartkäses eingebrannt wird. Bei der Qualität des Käses ist das Alter von großer Bedeutung: Je länger der Käse reifen darf, desto würziger und wertvoller wird er. Noch relativ weich und mild ist der »Fresco«. Er reift 18 Monate in den riesigen Käse-Kathedralen von Parma, wo bis zu 100 000 Laibe Platz finden. Der »Vecchio« hat bis zu 24 Monate und der beste Parmesan, der »Parmigiano Reggiano Stravecchio«, bis zu 38 Monate auf der Rinde.

Viele Genießer lieben Parmesan pur, als Begleitung akzeptieren sie höchstens ein Stück Weißbrot und einen guten Rotwein. Einige Feinschmecker wiederum schwören auf eine ganz andere Methode: Sie geben auf den Käse noch einen Tropfen eines besonders lange gereiften Balsamicoessigs. Erst dann soll der Parmesan sein ganzes Aroma entfalten. Probieren Sie es auch einmal aus, es lohnt sich.

Rote-Bete-Terrine mit Thunfisch

Für die Terrine:

750 g Rote Bete · Salz
½ TL ganzer Kümmel
1 kleine Zwiebel · 1 EL Öl
½ l warme Gemüsebrühe
4 EL Rotweinessig
2-3 EL milder Balsamicoessig
1-2 TL scharfer Senf
70 ml mildes Olivenöl
Pfeffer aus der Mühle
Zucker
gemahlener Kümmel
Cayennepfeffer
1 Knoblauchzehe (in Scheiben)
einige Thymianzweige
10 Blatt Gelatine

Für die Mousse:

¼ l Gemüsebrühe
1 Scheibe Ingwer
1 Streifen unbehandelte Zitronenschale
½ Knoblauchzehe (geschält)
4 ½ Blatt Gelatine
50 g Sahnemeerrettich (aus dem Glas) · 150 g Sahne
1 Spritzer Zitronensaft · Salz
Cayennepfeffer
Öl für die Form

Zum Fertigstellen:

8 dünne Scheiben Thunfisch (Sushi-Qualität)
Salz · Pfeffer aus der Mühle

Für 4 Personen

1 Für die Terrine die Rote Bete in Salzwasser mit dem Kümmel weich kochen, schälen und in etwa 2 mm dicke Scheiben schneiden. Die Zwiebel schälen und in kleine Würfel schneiden. Das Öl in einer kleinen Pfanne erhitzen und die Zwiebel darin glasig anschwitzen.

2 Die Gemüsebrühe mit beiden Essigsorten, den Zwiebelwürfeln, dem Senf und dem Olivenöl verrühren. Mit Salz, Pfeffer und je 1 Prise Zucker, Kümmel und Cayennepfeffer kräftig würzen. Die Knoblauchscheiben und den Thymian hinzufügen und 10 Minuten ziehen lassen. Ein Viertel der Marinade für den Thunfisch beiseite stellen, den Rest über die noch warmen Rote-Bete-Scheiben gießen. Einige Stunden marinieren lassen und nachwürzen. In ein Sieb abgießen, dabei die Marinade auffangen. Die Marinade leicht erwärmen, Knoblauch und Thymian entfernen. Die Gelatine in kaltem Wasser einweichen, gut ausdrücken, in der warmen Marinade auflösen und mit den Rote-Bete-Scheiben mischen.

3 Für die Mousse die Gemüsebrühe mit dem Ingwer aufkochen und vom Herd nehmen. Zitronenschale und Knoblauch hinzufügen, einige Minuten darin ziehen lassen und wieder entfernen. Die Gelatine in kaltem Wasser einweichen, gut ausdrücken und im warmen Ingwersud auflösen. Den Meerrettich unterrühren und die Masse im Wasserbad auf Eiswasser so lange kalt rühren, bis sie zu gelieren beginnt. Die Sahne halbsteif schlagen und unterheben. Die Meerrettichmousse mit Zitronensaft, Salz und Cayennepfeffer abschmecken.

4 Eine Terrinen- oder Kastenkuchenform (1 ½ l Inhalt) mit Öl einpinseln und mit Frischhaltefolie auslegen. Die Hälfte der Roten Bete gleichmäßig darin verteilen. So viel Marinade angießen, dass die Scheiben fast bedeckt sind. Die Form kalt stellen, bis die Marinade fest wird. Dabei nicht allzu fest werden lassen, damit die nächste Schicht auf der unteren hält. Die Meerrettichmousse einfüllen und fest werden lassen. Die restliche Rote Bete darauf verteilen und die Terrine etwa 6 Stunden in den Kühlschrank stellen. Mithilfe der Folie stürzen und mit einem Elektromesser in Scheiben schneiden.

5 Zum Fertigstellen den Thunfisch waschen, trockentupfen und je 2 Scheiben auf einem Teller anrichten, mit Salz und Pfeffer würzen, mit der restlichen Marinade beträufeln und nach Belieben mit Schnittlauchröllchen bestreuen. Die Rote-Bete-Terrine daneben anrichten.

Schweine- und Rinderfilet mit Mangosalsa

Für das Schweinefilet:

2 kleinere Schweinefilets (küchenfertig)
2 EL Olivenöl
4 Thymianzweige
2 mittelscharfe Chilischoten
3 Knoblauchzehen
Salz · Pfeffer aus der Mühle

Für die Rinderfiletsteaks:

4 Rinderfiletsteaks (ca. 3 cm dick)
1 EL Olivenöl
4 Thymianzweige
2 mittelscharfe Chilischoten
3 Knoblauchzehen
Salz · Pfeffer aus der Mühle

Für die Salsa:

1 Sternanis
1 Splitter Zimtrinde
je 1 TL Kardamom- und Pimentkörner
1 EL schwarze Pfefferkörner
1 große reife Mango
1 Knoblauchzehe
1 Zwiebel
1–2 EL Olivenöl
50 ml Weißwein
1 TL brauner Zucker
1 EL Rotweinessig
¼ Vanilleschote
1 Scheibe Ingwer

Für 4 Personen

1 Den Backofen auf 100 °C vorheizen. Für das Schweinefilet das Fleisch in einer Pfanne im Olivenöl bei mittlerer Hitze rundum etwa 2 Minuten anbraten. Auf einem Backblech den Thymian, die Chilischoten und den ungeschälten Knoblauch verteilen. Die Filets darauf legen und im vorgeheizten Ofen auf der mittleren Schiene etwa 25 Minuten rosa garen. In Scheiben schneiden, mit Salz und Pfeffer würzen.

2 Für die Rinderfiletsteaks die Steaks in einer Pfanne im Olivenöl bei mittlerer Hitze auf beiden Seiten etwa 2 Minuten anbraten. Auf einem Backblech den Thymian, die Chilischoten und den ungeschälten Knoblauch verteilen. Die Steaks darauf legen und im vorgeheizten Ofen auf der mittleren Schiene etwa 25 Minuten rosa garen. Mit Salz und Pfeffer würzen.

3 Für die Salsa die Gewürze in einer Pfanne ohne Fett rösten, abkühlen lassen, grob zerstoßen und in eine Gewürzmühle füllen. Das Mangofruchtfleisch vom faserigen Kern schneiden, schälen und in kleine Würfel schneiden. Den Knoblauch schälen und in dünne Scheiben schneiden. Die Zwiebel schälen, in kleine Würfel schneiden und mit dem Knoblauch im Olivenöl bei milder Hitze glasig anschwitzen. Mit Weißwein ablöschen, etwas reduzieren lassen und die Mangostücke mit dem braunen Zucker und dem Essig unterrühren. Mit der Mischung aus der Gewürzmühle würzen. Die Vanilleschote und den Ingwer dazugeben und die Salsa bei milder Hitze 10 Minuten köcheln lassen. Vanilleschote und Ingwer entfernen. Die Mangosalsa zu dem Schweine- und Rinderfilet servieren.

MEIN TIPP

Zu den Filets passt auch eine Tomatensalsa: 1 Sternanis, 1 Lorbeerblatt, etwas Zimtrinde und je 1 TL Kardamom-, Kümmel- und Senfkörner anrösten, grob zerstoßen und in eine Gewürzmühle füllen. Je 1 gewürfelte Zwiebel und Knoblauchzehe in Olivenöl anschwitzen. 400 g passierte Tomaten mit 1 EL Ketchup und 2 TL Honig dazugeben, 15 Minuten köcheln lassen. Mit Salz, je 1 TL abgeriebener Zitronen- und Orangenschale und den Gewürzen aus der Mühle würzen.

Gefüllte Zucchiniblüten auf Pilzen

Für die Zucchiniblüten:

1 Zwiebel · 1 EL Butter
je 1 EL Koriander- und Aniskörner
30 g Südtiroler Speck
140 g Vinschgauer (Südtiroler Gewürzbrötchen; vom Vortag)
1 Ei · 1/8 l Milch
Salz · Pfeffer aus der Mühle
frisch geriebene Muskatnuss
etwas abgeriebene unbehandelte Zitronenschale
1 EL Petersilie (gehackt)
16 kleine Zucchiniblüten
neutrales Öl zum Ausbacken

Für den Ausbackteig:

40 g Mehl · 2 EL Speisestärke
1 Ei · 1/8 l Milch
1 EL flüssige braune Butter
Salz
frisch geriebene Muskatnuss

Zum Fertigstellen:

200 g feste Steinpilze
200 g kleine Pfifferlinge
1 Zwiebel · 1 EL Butter
150 ml Geflügelbrühe · 50 g Sahne
Salz · Pfeffer aus der Mühle
gemahlener Kümmel
1/2 TL abgeriebene unbehandelte Zitronenschale
1 EL Petersilie (gehackt)

Für 4 Personen

1 Für die gefüllten Zucchiniblüten die Zwiebel schälen und in kleine Würfel schneiden. Die Zwiebelwürfel in einer Pfanne in der Butter bei milder Hitze glasig anschwitzen. Die Koriander- und Aniskörner in eine Gewürzmühle füllen. Speck und Vinschgauer in möglichst kleine Würfel schneiden.

2 Das Ei verquirlen. Die Milch einmal kurz aufkochen und unter das Ei rühren. Mit Salz, Pfeffer, Muskatnuss, Zitronenschale und der Mischung aus der Gewürzmühle würzen. Die Gewürzmilch über die Brotwürfel gießen, Zwiebel, Speck und Petersilie unterheben. Die Knödelmasse abgedeckt 20 Minuten ziehen lassen. Die Blätter der Zucchiniblüten vorsichtig auseinander ziehen und den Blütenstempel entfernen. Die Knödelmasse mit einem Teelöffel in die Blüten füllen und die Blütenspitzen locker zusammendrehen.

3 Das Öl auf 160 °C erhitzen. Für den Ausbackteig das Mehl, die Stärke, das Ei, die Milch und die Butter zu einem glatten Teig verrühren, mit Salz und Muskatnuss würzen. Die Zucchiniblüten durch den Teig ziehen, etwas abtropfen lassen und im heißen Fett langsam ausbacken. Die frittierten Blüten auf Küchenpapier abtropfen lassen.

4 Zum Fertigstellen Steinpilze und Pfifferlinge putzen, aber nicht waschen. Die Steinpilze in nicht zu dünne Scheiben schneiden, die Pfifferlinge je nach Größe halbieren oder ganz lassen. Die Zwiebel schälen, in sehr kleine Würfel schneiden und in einer Pfanne in der Butter glasig anschwitzen. Die Pilze hinzufügen und kurz mitbraten. Die Geflügelbrühe und die Sahne angießen, mit Salz, Pfeffer, Kümmel, Zitronenschale und Petersilie würzen.

5 Zum Servieren die Pilze auf tiefe Teller verteilen. Die gefüllten Zucchiniblüten längs aufschneiden und darauf anrichten.

MEIN TIPP

Die Zucchiniblüten werden bei nicht zu hoher Temperatur frittiert, damit die Knödelteigfüllung durchziehen kann. Um sie eventuell noch etwas nachziehen zu lassen, kann man die frittierten Blüten noch 5 Minuten in den auf 100 °C vorgeheizten Backofen geben.

SUPPEN

Geeiste Gurken-Avocado-Suppe

Für das Magatello:

400 g Kalbsfilet (aus dem Mittelstück)
Schale von je ½ unbehandelten Zitrone und Orange
70 g Salz · 90 g Zucker
1 EL Rosmarinnadeln (fein gehackt)
1–2 EL Petersilienblätter
1–2 EL Dillspitzen
2 EL geschroteter schwarzer Pfeffer

Für die Suppe:

1 Salatgurke · 1 reife Avocado
2 EL Essig · 1–2 TL Zitronensaft
Salz · Zucker
1 Knoblauchzehe (gehackt)
je 1 Msp. abgeriebene unbehandelte Limetten- und Orangenschale
70 g Sahne
Cayennepfeffer

Für die Croûtons:

2 Scheiben Toastbrot
40 g Butter · 1 Thymianzweig
1 Knoblauchzehe

Zum Anrichten:

einige Dillzweige

Für 4 Personen

1 Für das Magatello das Kalbsfilet am Vortag waschen und trockentupfen. Die Orangen- und Zitronenschalen in feine Streifen schneiden, mit Salz, Zucker, Kräutern und Pfeffer mischen und das Kalbsfilet damit rundum ummanteln. Das Fleisch in Frischhaltefolie wickeln, in ein tiefes Gefäß legen und im Kühlschrank 1 Tag ziehen lassen. Am nächsten Tag das Fleisch aus der Beize nehmen, die Beize entfernen und das Kalbsfilet trockentupfen.

2 Für die Suppe die Gurke schälen, längs halbieren und die Kerne entfernen, die Gurkenhälften klein schneiden. Die Avocado schälen und halbieren, den Kern entfernen und das Fruchtfleisch in kleine Stücke schneiden. Die Gurken- und Avocadostücke in den Küchenmixer geben und mit 600 ml kaltem Wasser, dem Essig, dem Zitronensaft, etwas Salz, 1 Prise Zucker, dem Knoblauch und der Limetten- und Orangenschale fein pürieren. Die Sahne unterrühren und die Suppe mit 1 Prise Cayennepfeffer würzen. Die Gurkensuppe einige Stunden im Kühlschrank ziehen lassen.

3 Für die Croûtons das Toastbrot entrinden und in Würfel schneiden. Die Butter in einer Pfanne schmelzen und die Croûtons darin mit dem Thymianzweig und dem ungeschälten Knoblauch bei milder Hitze hell anrösten. Die Croûtons auf Küchenpapier abtropfen lassen, Thymian und Knoblauch entfernen.

4 Zum Fertigstellen das Kalbsfilet in möglichst dünne Scheiben schneiden. Die Suppe auf gut gekühlte Suppenteller oder -tassen verteilen. Einige Kalbsfiletscheiben darauf anrichten, mit Croûtons bestreuen und mit Dill garniert servieren.

MEIN TIPP

Magatello ist mit Salz, Zucker und verschiedenen Kräutern und Gewürzen roh mariniertes Kalbfleisch. Üblicherweise wird dafür Fleisch aus der Keule verwendet.

Weiße Bohnensuppe

350 g getrocknete große weiße Bohnen (ersatzweise 700 g weiße Bohnen aus der Dose)
Salz
½ kleine Zwiebel
1 kleine Stange Staudensellerie
1 kleine Möhre
1 TL schwarze Pfefferkörner
1 kleines Lorbeerblatt
1 Splitter Zimtrinde
½ Knoblauchzehe (geschält)
1 l Geflügelbrühe
1-2 EL Mascarpone
Cayennepfeffer
1 EL Petersilie (gehackt)

Für 4 Personen

1 Die Bohnen über Nacht in kaltem Wasser einweichen und abgießen. In reichlich Salzwasser bei milder Hitze etwa 2 Stunden weich kochen, in ein Sieb abgießen und abtropfen lassen. Die Zwiebel schälen und in kleine Würfel schneiden. Den Staudensellerie putzen und waschen, die Möhre schälen. Beides in dünne Scheiben schneiden.

2 Pfefferkörner, Lorbeerblatt, Zimt und Knoblauch in ein Gewürzsäckchen füllen und verschließen. Die Geflügelbrühe in einem Topf erhitzen. Zwiebelwürfel, Sellerie- und Möhrenscheiben und das Gewürzsäckchen hinzufügen und 10 bis 15 Minuten garen. Das Gewürzsäckchen entfernen und die gekochten Bohnen dazugeben.

3 Ein Drittel der Suppeneinlage mit einer Schaumkelle herausnehmen. Den Mascarpone unterrühren und die Suppe mit dem Stabmixer fein pürieren. Das Gemüse wieder dazugeben und die Suppe mit Salz und Cayennepfeffer abschmecken.

4 Die Bohnensuppe auf vorgewärmte Suppenteller verteilen und mit Petersilie bestreut servieren.

MEIN TIPP

Gewürzsäckchen verwendet man dann, wenn mehrere Gewürze wieder aus dem Gericht entfernt werden sollen. Am besten eignen sich Einwegteefilter, die mit einer Klammer verschlossen werden, oder Tee-Eier.

Klare Kartoffel-Fenchel-Suppe

Für 4 Personen

400 g Kartoffeln
1/2 Fenchelknolle
2 Stangen Staudensellerie
2 Möhren · 1 Zwiebel
1-2 EL mildes Olivenöl
1,2 l Gemüsebrühe
1 Lorbeerblatt
je 1 TL Koriander- und Fenchelkörner
1 EL schwarze Pfefferkörner
Salz · Cayennepfeffer
1 EL Petersilie (gehackt)

1 Die Kartoffeln schälen und in etwa 1 cm große Würfel schneiden. Den Fenchel und den Staudensellerie putzen und waschen, die Möhren und die Zwiebel schälen. Fenchel, Sellerie, Möhren und Zwiebel ebenfalls in etwa 1 cm große Würfel schneiden.

2 Die Gemüsewürfel in einem großen Topf im Olivenöl glasig anschwitzen. Die Gemüsebrühe angießen und das Lorbeerblatt hinzufügen. Das Gemüse knapp unter dem Siedepunkt 20 bis 30 Minuten garen.

3 Die Koriander-, Fenchel- und Pfefferkörner in eine Gewürzmühle füllen. Die Kartoffel-Fenchel-Suppe mit Salz, Cayennepfeffer und der Mischung aus der Gewürzmühle würzen.

4 Die Kartoffel-Fenchel-Suppe auf vorgewärmte Suppenteller verteilen und mit Petersilie bestreut servieren.

MEIN TIPP

Für pürierte Kartoffelsuppen verwendet man meist mehlig kochende Kartoffeln. Für diese klare Kartoffelsuppe sollten Sie besser zu einer fest kochenden Sorte greifen. Dann bleiben die Kartoffelwürfel in Form und zerfallen nicht.

Tortellini in klarer Steinpilzbrühe

Für die Brühe:

1 ½ l Geflügelbrühe
10 g getrocknete Steinpilze

Für den Nudelteig:

140 g Mehl
60 g Weizengrieß
2 Eier
2 EL Olivenöl

Für die Füllung:

250 g Wurzelspinat
Salz · ½ Zwiebel
1 EL Butter
1 Msp. Knoblauch (gehackt)
100 g Kräuterblätter (Petersilie, Basilikum, Kresse, Kerbel, Estragon, Dill)
150 g Ricotta
40 g frisch geriebener Parmesan
1 EL braune Butter
Pfeffer aus der Mühle
frisch geriebene Muskatnuss

Außerdem:

Mehl zum Ausrollen
Eiweiß zum Bestreichen
Grieß zum Bestreuen

Zum Fertigstellen:

200 g kleine frische Steinpilze
1 EL Öl
Salz · Pfeffer aus der Mühle

Für 4 Personen

1 Für die Brühe die Geflügelbrühe erhitzen. Die getrockneten Steinpilze hinzufügen und knapp unter dem Siedepunkt 15 bis 20 Minuten ziehen lassen. In ein Sieb abgießen, dabei die Brühe auffangen.

2 Für den Nudelteig Mehl, Weizengrieß, Eier und Olivenöl zu einem glatten, elastischen Teig verkneten. Den Teig in Frischhaltefolie wickeln und mindestens 30 Minuten kühl stellen.

3 Für die Füllung die Spinatblätter verlesen, waschen und abtropfen lassen, die groben Stiele entfernen. Den Spinat in Salzwasser blanchieren und kalt abschrecken, mit den Händen gut ausdrücken und klein hacken. Die Zwiebel schälen, in kleine Würfel schneiden und in der Butter bei milder Hitze glasig anschwitzen. Den Knoblauch hinzufügen. Die Kräuter klein schneiden. Ricotta, Zwiebel, Knoblauch, Spinat, Kräuter, Parmesan und braune Butter in einer Schüssel verrühren, mit Salz, Pfeffer und Muskatnuss abschmecken.

4 Den Teig vierteln und mit der Nudelmaschine oder dem Nudelholz zu 4 langen, dünnen Teigbahnen ausrollen, dabei mit etwas Mehl bestäuben. Aus dem Teig Kreise (von 5 bis 6 cm Durchmesser) ausstechen und dünn mit Eiweiß bestreichen. Mit einem Teelöffel etwas Füllung auf die Teigkreise setzen und den Teig darüber zusammenfalten. Den Teig mit den Fingern um die Füllung herum andrücken, dabei darauf achten, dass keine Luftblasen zwischen den Teigblättern entstehen. Die spitzen Enden übereinander legen und zusammendrücken. Die Tortellini bis zur Weiterverarbeitung auf ein mit Grieß bestreutes Tablett legen.

5 Zum Fertigstellen die Steinpilze putzen, trocken abreiben und in Scheiben schneiden. In einer Pfanne im Öl etwa 2 Minuten anbraten, mit Salz und Pfeffer würzen. Die Tortellini in siedendem Salzwasser etwa 2 Minuten gar ziehen lassen. Mit einer Schaumkelle herausheben und mit den gebratenen Steinpilzen in der heißen Brühe servieren.

Wirsingsuppe mit Speck und Meerrettich

Für 4 Personen

1 Den Wirsing putzen, die Blätter ablösen und die harten Blattrippen entfernen. Die Wirsingblätter in reichlich kochendem Salzwasser einige Minuten weich blanchieren. Kalt abschrecken und gut abtropfen lassen, mit den Händen das restliche Wasser ausdrücken. Die Wirsingblätter klein hacken.

2 Die Zwiebel schälen, in kleine Würfel schneiden und in einem Topf im Olivenöl glasig anschwitzen. Die Gemüsebrühe angießen und knapp unter dem Siedepunkt 5 Minuten ziehen lassen. Den Wirsing hinzufügen. Mascarpone und Meerrettich unterrühren und die Suppe mit Salz, Cayennepfeffer und Muskatnuss würzen.

3 Etwa ein Drittel der Suppeneinlage mit einer Schaumkelle herausheben. Die restliche Suppe mit dem Stabmixer fein pürieren und das Gemüse wieder dazugeben.

4 Zum Fertigstellen den Speck in 1 cm breite Streifen schneiden. In einer Pfanne im Öl knusprig braten und auf Küchenpapier abtropfen lassen. Die Wirsingsuppe auf vorgewärmte Suppenteller verteilen und mit den Speckstreifen bestreuen.

Für die Suppe:

1 kleiner Kopf Wirsing (ca. 600 g)
Salz · 1 Zwiebel
1 EL Olivenöl
800 ml Gemüsebrühe
80 g Mascarpone
1 EL Sahnemeerrettich (aus dem Glas)
Cayennepfeffer
frisch geriebene Muskatnuss

Zum Fertigstellen:

100 g Pancetta (in Scheiben; ersatzweise durchwachsener Bauchspeck)
1 EL Öl

MEIN TIPP

Eine leicht fruchtige Note bekommt die Suppe, wenn man sie vor dem Servieren mit kurz in geschmolzener Butter geschwenkten Birnenwürfeln bestreut.

Peperonisuppe mit Graupen und Tomaten-Aprikosen-Pesto

Für die Graupen:

100 g Perlgraupen · Salz
1 Döschen Safranfäden

Für das Pesto:

1 EL Weißweinessig
40 g getrocknete Tomaten (nicht eingelegt)
40 g getrocknete Aprikosen
1/2 kleine Knoblauchzehe
1 EL geröstete Mandelblättchen
1 EL frisch geriebener Parmesan
80-100 ml mildes Olivenöl
Zucker · Cayennepfeffer
Salz

Für die Suppe:

1 große Zwiebel
je 3 grüne und rote türkische Peperoni · 1 EL Olivenöl
1 Schuss Weißwein
1,2 l Gemüsebrühe · 1 Lorbeerblatt
1 Streifen unbehandelte Zitronenschale
Salz · Cayennepfeffer

Für 4 Personen

1 Für die Graupen die Perlgraupen in einem Sieb kalt waschen und abtropfen lassen. In einem Topf reichlich Salzwasser mit dem Safran zum Kochen bringen und die Graupen darin bei milder Hitze 35 bis 40 Minuten köcheln lassen. Abgießen und abtropfen lassen.

2 Für das Pesto 1/4 l Wasser mit dem Essig erhitzen und die Tomaten darin knapp unter dem Siedepunkt etwa 30 Minuten ziehen lassen. In ein Sieb abgießen und gut abtropfen lassen. Die Aprikosen klein schneiden. Den Knoblauch schälen und in dünne Scheiben schneiden.

3 Die weichen Tomaten mit den Aprikosen, dem Knoblauch, den Mandelblättchen, dem Parmesan und dem Olivenöl im Küchenmixer oder mit dem Stabmixer fein pürieren. Das Tomaten-Aprikosen-Pesto mit Zucker, Cayennepfeffer und eventuell mit 1 Prise Salz abschmecken.

4 Für die Suppe die Zwiebel schälen und in 1 bis 1 1/2 cm dicke Spalten schneiden, die Zwiebelspalten in die einzelnen Blätter teilen. Die Peperoni halbieren, entkernen, waschen und in Rauten schneiden. Zwiebeln und Peperoni in einem Topf im Olivenöl bei milder Hitze glasig anschwitzen. Mit dem Weißwein ablöschen, etwas reduzieren lassen und die Gemüsebrühe angießen. Das Lorbeerblatt und die Zitronenschale hinzufügen und 7 bis 8 Minuten in der Peperonisuppe ziehen lassen.

5 Das Lorbeerblatt und die Zitronenschale aus der Suppe entfernen und die Graupen dazugeben. 2 EL Tomaten-Aprikosen-Pesto unterrühren und die Peperonisuppe mit Salz und Cayennepfeffer kräftig abschmecken.

MEIN TIPP

Achten Sie beim Putzen der Peperoni darauf, dass alle Samen und weißen Fäden entfernt werden, da diese häufig sehr scharf sind. Kurz vor dem Anrichten kann man noch etwas mildes Olivenöl über die Suppe träufeln.

Tomatensuppe mit Seeteufel

1 kleine Zwiebel
80 ml mildes Olivenöl
½ l Gemüsebrühe
650 g Tomatenstücke (aus der Dose)
1 Knoblauchzehe
1 Splitter Zimtrinde
einige Basilikumstiele
Salz · Zucker
Cayennepfeffer
350 g Seeteufelfilet (küchenfertig)
1 EL Öl
Pfeffer aus der Mühle
1 EL Basilikum (gehackt)

Für 4 Personen

1 Die Zwiebel schälen und in kleine Würfel schneiden. In einem Topf in 1 EL Olivenöl bei milder Hitze glasig anschwitzen. Die Gemüsebrühe angießen und knapp unter dem Siedepunkt 5 Minuten ziehen lassen. Die Dosentomaten samt Saft hinzufügen und erhitzen. Den Knoblauch schälen, in dünne Scheiben schneiden und dazugeben.

2 Die Suppe mit dem Stabmixer pürieren, dabei nach und nach das restliche Olivenöl hinzufügen. Den Zimt und das Basilikum einige Minuten in der Suppe ziehen lassen und wieder entfernen. Die Tomatensuppe mit Salz und je 1 Prise Zucker und Cayennepfeffer abschmecken.

3 Das Seeteufelfilet waschen und trockentupfen. In 1 bis 1 ½ cm große Würfel schneiden und in einer Pfanne im Öl bei mittlerer Hitze etwa 2 Minuten braten. Die Pfanne vom Herd nehmen, das Fischfilet mit Salz und Pfeffer würzen und auf Küchenpapier abtropfen lassen.

4 Die Tomatensuppe auf vorgewärmte Suppenteller verteilen, die Fischwürfel darauf anrichten und mit Basilikum bestreut servieren.

MEIN TIPP

Zum Braten des Seeteufels verwendet man am besten eine große beschichtete Pfanne, damit die Filetwürfel möglichst nebeneinander liegen. So braten sie gleichmäßig, kleben nicht am Pfannenboden und ziehen kein Wasser. Die Tomatensuppe kann man auch mit gebratenen Garnelen oder anderen Fischfilets, wie etwa Dorade, Zander oder Goldbarsch, zubereiten.

Eintopf von Fischen und Meeresfrüchten

Für 4 Personen

300 g Filets von der Dorade rosé (küchenfertig)
200 g Seezungenfilets (küchenfertig)
10 Riesengarnelen
4 Jakobsmuscheln
2 Zwiebeln
1 Fenchelknolle
2 Stangen Staudensellerie
250 g Cocktailtomaten (aus der Dose)
1 Knoblauchzehe
ca. 5 EL mildes Olivenöl
½ TL Aniskörner
1 Döschen Safranfäden
1,2 l Gemüsebrühe
je 1 Streifen unbehandelte Zitronen- und Orangenschale
1 kleine getrocknete rote Chilischote
1 Lorbeerblatt
Salz · Pfeffer aus der Mühle
1 TL Estragon (gehackt)

1 Die Fischfilets waschen, trockentupfen und in 2 bis 3 cm große Stücke schneiden. Die Garnelen schälen, am Rücken entlang einschneiden und den Darm entfernen. Die Garnelen längs halbieren, waschen und trockentupfen, die Schalen beiseite legen. Das Fleisch der Jakobsmuscheln aus den Schalen lösen, das weiße Muskelfleisch vom orangeroten Corail trennen, waschen, trockentupfen und quer halbieren.

2 Die Zwiebeln schälen und in kleine Würfel schneiden. Den Fenchel putzen, waschen und in 1 ½ cm große Stücke schneiden. Den Staudensellerie putzen, waschen und schräg in Scheiben schneiden. Die Cocktailtomaten in ein Sieb abgießen, den Saft auffangen und beiseite stellen. Knoblauch schälen und in dünne Scheiben schneiden.

3 Die Garnelenschalen in einem Sieb waschen und abtropfen lassen. In einem Topf 1 bis 2 EL Olivenöl erhitzen und die Garnelenschalen mit den Aniskörnern darin bei milder Hitze anbraten. Zwiebeln, Fenchel, Staudensellerie, Knoblauch und Safran dazugeben und kurz anschwitzen lassen. Die Gemüsebrühe und den Tomatensaft aus der Dose angießen. Die Zitronen- und Orangenschale, die Chilischote und das Lorbeerblatt hinzufügen und den Sud knapp unter dem Siedepunkt 10 bis 15 Minuten ziehen lassen. Garnelenschalen, Zitronen- und Orangenschale, Chilischote und Lorbeerblatt entfernen.

4 Fischstücke, Garnelen und Jakobsmuscheln in einer Pfanne in 1 bis 2 EL Olivenöl auf beiden Seiten bei milder Hitze anbraten. In den Sud legen und kurz darin ziehen lassen. Die Cocktailtomaten dazugeben und den Eintopf mit Salz und Pfeffer würzen. Mit 1 EL Olivenöl beträufeln und mit Estragon bestreut servieren.

MEIN TIPP

Estragon hat einen hohen Gehalt an ätherischen Ölen, die für den herb-bitteren, anisähnlichen Geschmack des Krauts verantwortlich sind. Estragon gibt Gerichten eine raffinierte Note, sollte aber sparsam dosiert und immer frisch verwendet werden.

PASTA & CO.

Buchweizenravioli mit Frischkäsefüllung auf Radicchio-Gemüse

Für den Nudelteig:

70 g Mehl · 80 g Buchweizenmehl
50 g Weizengrieß · 2 Eier
2 EL Olivenöl · Salz

Für die Füllung:

½ Zwiebel · 1 EL Butter
1 Msp. Knoblauch (gehackt)
1 Bund Rucola
400 g Frischkäse · 2 Eigelb
200 g Salsicce-Brät
(Brät von ital. Schweinswürsten; ersatzweise Bratwurstbrät)
40 g frisch geriebener Südtiroler Bergkäse
1 EL flüssige braune Butter
Salz · Pfeffer aus der Mühle
frisch geriebene Muskatnuss

Zum Fertigstellen der Ravioli:

Mehl zum Ausrollen · 1 Eiweiß
Grieß zum Bestreuen · Salz

Für das Gemüse:

2 Köpfe Radicchio di Treviso
½ Bund Rucola · 1-2 EL Butter
1 Knoblauchzehe
Salz · Pfeffer aus der Mühle
frisch geriebene Muskatnuss
1 EL braune Butter
40 g frisch geriebener Südtiroler Bergkäse

Für 4 Personen

1 Für das Gemüse die Radicchioblätter vom Strunk schneiden, verlesen und etwa 1 Stunde in kaltes Wasser legen, um ihnen die Bitterstoffe zu entziehen. Auf einem Sieb abtropfen lassen.

2 Für den Nudelteig Mehl, Buchweizenmehl, Weizengrieß, Eier, Olivenöl und Salz zu einem glatten, elastischen Teig verkneten. Den Teig in Frischhaltefolie wickeln und mindestens 30 Minuten kühl stellen.

3 Für die Füllung die Zwiebel schälen und in kleine Würfel schneiden. Mit dem Knoblauch in der Butter bei milder Hitze glasig anschwitzen. Den Rucola verlesen, waschen und trockenschütteln, die harten Stiele entfernen und die Blätter klein schneiden. Frischkäse, Eigelbe, Rucola, Salsicce-Brät, Bergkäse, die Zwiebel-Knoblauch-Mischung und die flüssige braune Butter verrühren. Die Füllung mit Salz, Pfeffer und Muskatnuss abschmecken.

4 Zum Fertigstellen den Teig vierteln und mit der Nudelmaschine oder dem Nudelholz zu 4 langen, dünnen Teigbahnen ausrollen, dabei mit etwas Mehl bestäuben. Die Hälfte der Teigbahnen dünn mit Eiweiß bestreichen, die Füllung mit einem Teelöffel im Abstand von 2 bis 3 cm darauf setzen und die restlichen beiden Teigbahnen locker und so glatt wie möglich darüber legen. Die oberen Teigplatten mit den Fingern um die Füllung herum andrücken. Mit einem runden Ausstecher (4 bis 5 cm Durchmesser) Ravioli ausstechen und die Ränder ohne Luftblasen verschließen. Die Ravioli bis zur Weiterverarbeitung auf einem mit Grieß bestreuten Tablett auslegen.

5 Für das Gemüse den Rucola verlesen, waschen und trockenschütteln, die harten Stiele entfernen und die Blätter klein schneiden. Den Radicchio in der Butter bei milder Hitze anschwitzen. Den Knoblauch schälen, in dünne Scheiben schneiden und dazugeben. Das Gemüse mit Salz, Pfeffer und Muskatnuss würzen.

6 Die Ravioli in siedendem Salzwasser etwa 3 Minuten ziehen lassen, mit einer Schaumkelle herausheben und abtropfen lassen. Mit dem Rucola und der braunen Butter unter das Radicchio-Gemüse mischen, auf vorgewärmten Tellern anrichten und mit Bergkäse bestreuen.

Gebratene Kalbsleberravioli mit Wirsing und Aprikosen

Für die Füllung:

250 g Kalbsleber (küchenfertig)
½ Zwiebel · 1 EL Olivenöl
1 Splitter Zimtrinde
je 1 EL Piment- und schwarze Pfefferkörner
je 1 TL Fenchelkörner und Wacholderbeeren
2 Lorbeerblätter
250 g Brät von Schweinswürsten (ersatzweise Kalbsbrät)
50 g Sahne · 3 EL Apfelwürfel
Salz · Cayennepfeffer
getrockneter Oregano
1 EL Petersilie (gehackt)
frisch geriebene Muskatnuss
1 TL abgeriebene unbehandelte Zitronenschale

Für die Ravioli:

1 Packung Strudelteig (Fertigprodukt; aus dem Kühlregal)
1 Eiweiß · Grieß zum Bestreuen
100 ml Olivenöl

Für das Gemüse:

1 Kopf Wirsing · Salz
50 g getrocknete Aprikosen
½ Zwiebel · 1 EL Butter
50 ml Geflügelbrühe · 80 g Sahne
1 EL Meerrettich (aus dem Glas)
Salz · Pfeffer aus der Mühle
frisch geriebene Muskatnuss

Für 4 Personen

1 Für die Füllung die Kalbsleber in sehr kleine Würfel schneiden. Die Zwiebel schälen, in möglichst kleine Würfel schneiden und in einer Pfanne im Olivenöl bei milder Hitze glasig anschwitzen. Vom Herd nehmen und abkühlen lassen.

2 Zimt, Piment-, Pfeffer- und Fenchelkörner, Wacholderbeeren und Lorbeerblätter im Mörser grob zerstoßen und in eine Gewürzmühle füllen. Das Wurstbrät mit der Sahne in einer Schüssel glatt rühren. Leber, Zwiebel und Apfelwürfel untermischen und die Füllung mit Salz, Cayennepfeffer, 1 Prise Oregano, Petersilie, Muskatnuss, Zitronenschale und der Mischung aus der Gewürzmühle würzen.

3 Für die Ravioli die Strudelteigblätter auf der sauberen Arbeitsfläche ausbreiten und dünn mit Eiweiß bestreichen. Auf die Hälfte der Teigblätter mit einem Teelöffel etwas Füllung im Abstand von etwa 5 cm setzen. Die restlichen Teigblätter locker darüber legen und um die Füllung herum andrücken. Mit einem runden Ausstecher Ravioli ausstechen und die Ränder ohne Luftblasen verschließen. Die Ravioli bis zur Weiterverarbeitung auf ein mit Grieß bestreutes Tablett legen.

4 Für das Gemüse den Wirsing in die einzelnen Blätter teilen, die harten Blattrippen entfernen und die Blätter in kochendem Salzwasser blanchieren. Kalt abschrecken und abtropfen lassen. Die Blätter mit den Händen gut ausdrücken und in Rauten schneiden. Die getrockneten Aprikosen klein schneiden. Die Zwiebel schälen, in kleine Würfel schneiden und in der Butter bei milder Hitze glasig anschwitzen. Wirsing, Aprikosen und Geflügelbrühe hinzufügen und erhitzen. Sahne und Meerrettich unterrühren und das Wirsinggemüse mit Salz, Pfeffer und Muskatnuss würzen.

5 Die Ravioli in einer Pfanne im Olivenöl auf beiden Seiten bei milder Hitze goldbraun braten. Auf Küchenpapier abtropfen lassen und mit dem Wirsinggemüse auf vorgewärmten Pastatellern anrichten.

Spaghetti mit Sauce bolognese

Für die Sauce:

1 Zwiebel · 1 Möhre
1 Stange Staudensellerie
2 Knoblauchzehen (gehackt)
3 EL Olivenöl
300 g Rinderhackfleisch
200 g Kalbshackfleisch
2 EL Tomatenmark
50 ml Weißwein
750 g Tomatenstücke (aus der Dose)
1/4 l Geflügelbrühe
1 Lorbeerblatt
getrockneter Oregano
1 TL abgeriebene unbehandelte Zitronenschale
Salz · Pfeffer aus der Mühle
Zucker
Cayennepfeffer

Für die Pasta:

400 g Spaghetti
Salz · 1-2 EL Olivenöl

Zum Aufwärmen:

150 ml Geflügel- oder Gemüsebrühe
einige Salbeiblätter
frisch geriebene Muskatnuss

Für 4 Personen

1 Für die Sauce die Zwiebel und die Möhre schälen, den Staudensellerie putzen und waschen. Alles in sehr kleine Würfel schneiden.

2 Die Gemüsewürfel mit dem Knoblauch in einem Topf im Olivenöl bei milder Hitze anschwitzen. Das Hackfleisch dazugeben und unter Rühren krümelig braten. Das Tomatenmark unterrühren und kurz mitschwitzen. Mit dem Weißwein ablöschen und die Sauce 10 Minuten einköcheln lassen.

3 Die Dosentomaten samt Saft unterrühren und die Geflügelbrühe angießen. Das Lorbeerblatt dazugeben und die Sauce unter häufigem Rühren etwa 1 Stunde mehr ziehen, als köcheln lassen. Zuletzt 1 Prise Oregano und die Zitronenschale unterrühren, die Sauce mit Salz, Pfeffer, Zucker und Cayennepfeffer würzen.

4 Für die Pasta die Spaghetti nach Packungsanweisung in reichlich Salzwasser bissfest kochen, in ein Sieb abgießen und abtropfen lassen. Die Nudeln auf einem Tablett ausbreiten, kurz ausdampfen lassen und mit dem Olivenöl vermischen.

5 Zum Aufwärmen die Brühe mit dem Salbei erhitzen und die Spaghetti hineingeben. Sobald die Nudeln heiß sind, mit Salz und Pfeffer würzen. Die Spaghetti auf vorgewärmte Pastateller verteilen und Muskatnuss darüber reiben. Die Sauce bolognese darauf anrichten.

MEIN TIPP

Wenn Sie die Pasta wie in diesem Rezept beschrieben vorbereiten, kann sie, einmal ausgekühlt, im Kühlschrank 1 bis 2 Tage aufbewahrt werden. Sie können die Nudeln dann entweder in der jeweiligen Sauce oder separat in etwas Brühe erhitzen.

Orecchiette mit Brokkoli

Für 4 Personen

1 Für die Pasta die Orecchiette nach Packungsanweisung in reichlich Salzwasser bissfest kochen, in ein Sieb abgießen und abtropfen lassen. Die Nudeln auf einem Tablett ausbreiten, kurz ausdampfen lassen und mit dem Olivenöl vermischen.

2 Für die Sauce den Brokkoli in kleine Röschen teilen und waschen, die Stiele schälen und in Scheiben schneiden. Brokkoliröschen und -stiele in einem Topf in Salzwasser bissfest blanchieren, kalt abschrecken und abtropfen lassen.

3 Die Gemüsebrühe in einem Topf erhitzen. Die Sardellenfilets hinzufügen und die Brühe mit dem Stabmixer aufmixen. Den Knoblauch, die Chilischoten und die Zitronenschale einlegen und einige Minuten in der Sauce ziehen lassen, die Sauce sollte nicht kochen. Die Chilischoten und die Zitronenschale wieder entfernen.

4 Den Brokkoli und die vorgekochten Orecchiette hinzufügen und in der Sauce erhitzen, bis die Flüssigkeit von den Nudeln aufgenommen wurde. Zuletzt das Olivenöl und die Petersilie hinzufügen und mit Salz würzen.

5 Zum Anrichten die Pinienkerne in einer Pfanne ohne Fett goldbraun rösten. Die Orecchiette mit dem Brokkoli auf vorgewärmte Pastateller verteilen. Mit Pinienkernen und Parmesan bestreut servieren.

Für die Pasta:

350 g Orecchiette
(ersatzweise Muschelnudeln)
Salz
2 EL Olivenöl

Für die Sauce:

400 g Brokkoli
Salz
300 ml Gemüsebrühe
2-3 eingelegte Sardellenfilets
½ Knoblauchzehe (in Scheiben)
2 kleine getrocknete rote Chilischoten
1 Streifen unbehandelte Zitronenschale
3 EL Olivenöl
1 EL Petersilie (gehackt)

Zum Anrichten:

2 EL Pinienkerne
2 EL frisch geriebener Parmesan

MEIN TIPP

Wer mag, kann noch klein geschnittene eingelegte Artischockenherzen und gekochte Schinkenwürfel mit in die Brokkolisauce geben. Die Sauce wird etwas sämiger, wenn man zusammen mit den Sardellenfilets 1 bis 2 EL Mascarpone unter die Brühe mixt.

Pasta, Pizza, basta!

Gäbe es den Reis nicht, die Welt wäre kulinarisch gesehen ganz in der Hand der Italiener. Pasta und Pizza findet man überall, von Australien bis Alaska, von Zypern bis Zentralafrika. Und alle glauben, dass die Italiener diese Spezialitäten erfunden hätten. Alfons Schuhbeck hat sich auf Spurensuche begeben.

Fragt man zehn Italiener, wer die Nudeln erfunden hat, bekommt man elf Antworten. Mindestens. Und wie diese Antworten ausfallen, hängt ganz davon ab, wo der Befragte lebt. So behaupten die Venezianer steif und fest, dass »ihr« Marco Polo die Pasta aus China importiert hat. Die Genueser halten dem entgegen, dass es Kaufleute aus ihrer Stadt waren, die die Nudeln aus der Mongolei mitgebracht haben. Die Sizilianer wollen sie von den Griechen geerbt haben und die Römer nehmen für sich in Anspruch, selbst die »wahren« Erfinder der Pasta zu sein.

Vermutlich hat keiner Recht, und zwar aus folgendem Grund: Die Nudel ist ja im weitesten Sinne getrocknetes Getreide. Also Proviant, der haltbar war und den man mit etwas Wasser zu einer schmackhaften Speise bereiten konnte. Deshalb denke ich, dass es so etwas wie die »Urnudel« überall auf der Welt gegeben hat. Aber es war zweifellos das Verdienst der Italiener, dass sie aus der Nudel eine der raffiniertesten Köstlichkeiten gemacht haben. 300 Sorten soll es auf dem Stiefel geben, in allen nur erdenklichen Farben und Formen.

Die Liebe zur Pasta geht in Italien sogar so weit, dass es in Bologna eine Nudel-Universität gibt. Dort wird alles erforscht, was man über die Nudel wissen sollte. Dabei ist es für viele bereits ein Geheimnis, wie man die Pasta bissfest kocht. Natürlich kennen die Italiener einen Trick, den sie mir verraten haben: Sie lassen die Nudeln erst im sprudelnden Salzwasser kochen. Wenn sie noch hart, also noch nicht al dente sind, dann geben sie sie in eine Pfanne mit gutem Olivenöl und schwenken sie kurz darin. Auf diese Weise wird die Pasta ganz sanft zu Ende gegart und nimmt dazu noch einen eleganten Olivenöl-Touch an.

Mit der Pizza, dem zweiten Nationalgericht, verhält es sich ähnlich wie mit der Pasta: Belegte Teigfladen dürfte es in der Geschichte schon überall gegeben haben, aber erst die Neapolitaner haben daraus eine Delikatesse gemacht. Zunächst war die Pizza allerdings ein Armeleuteessen, weil man den Hefeteigfladen mit allem belegen konnte, was man gerade zur Hand hatte. Der Duft, der aus den Backstuben durch die Gassen Neapels strömte, muss jedoch so betörend gewesen sein, dass sich der Bourbonenkönig Ferdinand I. im 19. Jahrhundert über das Protokoll des Hofes hinwegsetzte und als Bürgerlicher verkleidet in die Pizzerien schlich, um sich dem kulinarischen Genuss hinzugeben. Italienische Hausmannskost für Feinschmecker, da konnten sogar die gekrönten Häupter nicht widerstehen.

Zu Ehren von Königin Margherita hat ein neapolitanischer Bäcker 1889 schließlich die Pizza Margherita erfunden. Sie leuchtet in den italienischen Nationalfarben: Weiß (Mozzarella), Rot (Tomaten) und Grün (Basilikum). Oft werde ich gefragt, was eigentlich das Geheimnis einer guten Pizza ist. Erstens der Teig, der durch das Kneten so richtig geschmeidig wird, und zweitens die Hitze. Nur ein Holzkohleofen schafft die erforderliche Temperatur von 400 °C, sodass die Pizza außen schön kross wird und der Belag saftig bleibt. Ein Triumph der italienischen Einfachheit und einfach unübertroffen gut.

Rigatoni mit Käsesauce

Für die Pasta:

400 g Rigatoni · Salz
2 EL Olivenöl

Für die Sauce:

je 80 g Gorgonzola und Südtiroler Bergkäse
1/4 l Gemüsebrühe
70 g Sahne
1 EL Grappa (ital. Tresterbrand)
2 Scheiben Knoblauch
1 EL Butter
Cayennepfeffer
4 Salbeiblätter
1 Birnenscheibe
1/4 Vanilleschote
1 EL Petersilie (gehackt)
frisch geriebene Muskatnuss

Zum Fertigstellen:

6 dünne Scheiben durchwachsener Speck · 1 EL Öl
Pfeffer aus der Mühle

Für 4 Personen · siehe Foto rechts

1 Für die Pasta die Rigatoni nach Packungsanweisung in reichlich Salzwasser bissfest kochen, in ein Sieb abgießen und abtropfen lassen. Die Nudeln auf einem Tablett ausbreiten, kurz ausdampfen lassen und mit dem Olivenöl vermischen.

2 Für die Sauce den Gorgonzola und den Bergkäse entrinden und in Würfel schneiden. Die Gemüsebrühe erwärmen, den Gorgonzola und die Sahne hinzufügen und alles vorsichtig bis knapp unter den Siedepunkt erhitzen.

3 Grappa, Knoblauch, Butter und 1 Prise Cayennepfeffer hinzufügen und die Sauce mit dem Stabmixer aufmixen. Die Salbeiblätter, die Birnenscheibe, die Vanilleschote und die Bergkäsewürfel in die Sauce geben und die vorgekochten Rigatoni darin erhitzen. Salbeiblätter, Birnenscheibe und Vanilleschote wieder entfernen. Die Petersilie unterrühren und die Käsesauce mit Muskatnuss würzen.

4 Zum Fertigstellen die Speckscheiben halbieren und in einer Pfanne im Öl bei mittlerer Hitze kross braten. Aus der Pfanne nehmen und auf Küchenpapier abtropfen lassen. Die Rigatoni mit der Käsesauce auf vorgewärmte Pastateller verteilen, mit den gebratenen Speckscheiben und grob gemahlenem Pfeffer bestreuen. Nach Belieben mit Salbeiblättern garnieren.

MEIN TIPP

Sobald man den Gorgonzola in die Sauce gegeben hat, sollte diese auf gar keinen Fall mehr kochen. Nur so wird sie homogen und schön sämig.

Casarecce mit Pilzsauce

Für 4 Personen

1 Die Casarecce nach Packungsanweisung in reichlich Salzwasser bissfest kochen, in ein Sieb abgießen und abtropfen lassen. Auf einem Tablett ausbreiten, ausdampfen lassen, mit 2 EL Olivenöl vermischen.

2 Für die Sauce die Zwiebel in einem Topf in 1 EL Öl glasig anschwitzen. Die Gemüsebrühe angießen, das Lorbeerblatt und die getrockneten Pilze dazugeben und knapp unter dem Siedepunkt 20 Minuten ziehen lassen. Das Lorbeerblatt wieder entfernen und die Sahne angießen. Die Sauce mit dem Stabmixer pürieren und durch ein Sieb streichen. Die Butter in kleinen Stücken unterschlagen. Die Zitronenschale dazugeben, einige Minuten ziehen lassen und wieder entfernen. Die Sauce mit Salz, Kümmel und Cayennepfeffer abschmecken.

3 Die frischen Pilze putzen, trocken abreiben und klein schneiden. Portionsweise in einer Pfanne im restlichen Olivenöl bei mittlerer Hitze 2 Minuten braten, mit Salz und Pfeffer würzen. Die Casarecce in der Sauce erhitzen, die Pilze und die Petersilie unterheben.

350 g Casarecce (oder Fusilli)
Salz · 3 EL Olivenöl
1 kleine Zwiebel (fein gewürfelt)
1 EL Öl · 350 ml Gemüsebrühe
1 Lorbeerblatt
3 EL getrocknete Egerlinge
120 g Sahne · 20 g kalte Butter
1 Streifen unbehandelte Zitronenschale · gemahlener Kümmel
Cayennepfeffer
400 g frische Pilze (Steinpilze, Pfifferlinge oder Champignons)
Pfeffer aus der Mühle
1 EL Petersilie (gehackt)

Lauwarmer Nudelsalat

Für das Dressing:

je 1 Bund Petersilie
und Basilikum · Salz
1 kleine Knoblauchzehe
1/8 l Gemüsebrühe
5 EL Rotweinessig
1 EL scharfer Senf
Zucker
Cayennepfeffer
8 EL Olivenöl

Für das Gemüse:

je 1 EL Fenchel- und
Korianderkörner
1 rote Zwiebel · 2 dünne Möhren
1 Stange Staudensellerie
je 1 gelber und grüner Zucchino
1 EL Olivenöl
Salz · Pfeffer aus der Mühle

Für die Pasta:

Salz · 1 kleine getrocknete
rote Chilischote
1 Lorbeerblatt
je 150 g Farfalle und Penne
je 40 g schwarze und
grüne Oliven (entsteint)
2 EL frisch gehobelte
Parmesanspäne

Für 4 Personen

1 Für das Dressing Petersilie und Basilikum waschen und trockenschütteln, die Blätter von den Stielen zupfen. Die Petersilienblätter in Salzwasser 2 Minuten blanchieren, kalt abschrecken und abtropfen lassen. Die Petersilienblätter mit den Händen gut ausdrücken und klein schneiden. Den Knoblauch schälen und in dünne Scheiben schneiden. Gemüsebrühe, Essig, Senf, Knoblauch, Petersilie und Basilikum in einen hohen Rührbecher geben und mit dem Stabmixer pürieren. Das Dressing mit Salz, Zucker und Cayennepfeffer würzen, nach und nach das Olivenöl unterschlagen.

2 Für das Gemüse die Fenchel- und Korianderkörner in eine Gewürzmühle füllen. Die Zwiebel schälen, vierteln und quer in dünne Streifen schneiden. Die Möhren schälen und schräg in möglichst dünne Scheiben schneiden. Den Staudensellerie putzen, waschen und schräg in dünne Scheiben schneiden. Die Zucchini putzen, waschen, längs vierteln und quer in etwa 3 mm dicke Scheiben schneiden. Die Zwiebel in einer Pfanne im Olivenöl bei mittlerer Hitze kurz anschwitzen. Das vorbereitete Gemüse hinzufügen, mit Salz, Pfeffer und der Mischung aus der Gewürzmühle würzen und ebenfalls glasig anschwitzen.

3 Für die Pasta in einem großen Topf reichlich Wasser zum Kochen bringen, kräftig salzen und die Chilischote und das Lorbeerblatt hinzufügen. Beide Nudelsorten darin nach Packungsanweisung bissfest kochen (je nach angegebener Garzeit die Nudeln zeitversetzt ins Wasser geben), in ein Sieb abgießen und abtropfen lassen. Das Lorbeerblatt und die Chilischote entfernen.

4 Die Nudeln, das Gemüse und die Oliven in einer großen Schüssel mit dem Dressing mischen. Den Salat 10 Minuten ziehen lassen und nochmals nachwürzen. Mit Parmesanspänen bestreut servieren.

MEIN TIPP

Das Pesto-Dressing sollte frisch zubereitet werden, damit es seine leuchtend grüne Farbe behält. Wenn man es im Voraus zubereiten möchte, kann man alle Zutaten bis auf die blanchierte Petersilie und das Basilikum vermischen und mixt die Kräuter erst kurz vor dem Servieren unter.

Tagliatelle mit Garnelensauce

Für 4 Personen

1 Für die Sauce den Backofen auf 150 °C vorheizen. Die Riesengarnelen schälen, am Rücken entlang aufschneiden und den Darm entfernen. Die Garnelen waschen, trockentupfen und bis zur Weiterverarbeitung abgedeckt kühl stellen. Die Garnelenschalen waschen, gut abtropfen lassen und im vorgeheizten Ofen auf der mittleren Schiene etwa 15 Minuten trocknen lassen.

2 Die Zwiebel und die Möhre schälen und in 1 bis 2 cm große Würfel schneiden. Staudensellerie und Fenchel putzen, waschen und ebenfalls in 1 bis 2 cm große Würfel schneiden. Das Gemüse in einem Topf im Olivenöl bei milder Hitze anschwitzen, die Garnelenschalen dazugeben. Fenchel- und Senfkörner, ungeschälten Knoblauch, getrocknete Champignons, 1 Prise Currypulver und den Safran unterrühren und die Gemüsebrühe angießen. Die Sauce knapp unter dem Siedepunkt 20 Minuten ziehen lassen und durch ein Sieb gießen.

3 Für die Pasta die Tagliatelle nach Packungsanweisung in reichlich Salzwasser bissfest kochen, in ein Sieb abgießen und abtropfen lassen. Die Nudeln auf einem Tablett ausbreiten, kurz ausdampfen lassen und mit dem Olivenöl vermischen.

4 Zum Fertigstellen die Fenchelkörner in eine Gewürzmühle füllen. Die Garnelen in einer Pfanne im Olivenöl bei milder Hitze etwa 1 ½ Minuten braten. Die Pfanne vom Herd nehmen, die Orangenschale, den Zimt, die Vanilleschote und den Knoblauch hinzufügen. Die Garnelen mit Salz und Fenchel aus der Mühle würzen.

5 Den Garnelensud erwärmen, die kalte Butter in kleinen Stücken unterschlagen und die Tagliatelle in der Sauce erhitzen. Auf vorgewärmte Pastateller verteilen und die gebratenen Garnelen darauf anrichten. Mit grob gemahlenem Pfeffer bestreut servieren.

MEIN TIPP

Die Garnelenschalen trocknet man im Backofen am besten mit Umluft - dann trocknen sie schneller und gleichmäßiger.

Für die Sauce:

16 Riesengarnelen
1 große Zwiebel · 1 Möhre
1 Stange Staudensellerie
½ kleine Fenchelknolle
1 EL Olivenöl
je 1 EL Fenchel- und Senfkörner
6 junge Knoblauchzehen
1 EL getrocknete Champignons
Currypulver
1 Döschen Safranfäden
½ l Gemüsebrühe

Für die Pasta:

400 g Tagliatelle
Salz · 1-2 EL Olivenöl

Zum Fertigstellen:

1 TL Fenchelkörner
1 EL Olivenöl
1 Streifen unbehandelte Orangenschale
1 Splitter Zimtrinde
¼ Vanilleschote
½ Knoblauchzehe (geschält)
Salz · 40 g kalte Butter
Pfeffer aus der Mühle

Ricotta-Spinat-Knödel mit Champignon-Lauch-Gemüse

Für die Knödel:

350 g Wurzelspinat · Salz
½ Zwiebel
1 Msp. Knoblauch (gehackt)
1 EL Butter
150 g Ricotta · 1 Eigelb
40 g Weißbrotbrösel
40 g Hartweizengrieß
20 g frisch geriebener Parmesan
1 EL braune Butter
Pfeffer aus der Mühle
frisch geriebene Muskatnuss

Für das Gemüse:

½ Stange Lauch
200 g Champignons
2 EL Olivenöl
150 ml Gemüsebrühe · 50 g Sahne
gemahlener Kümmel
1 EL Butter
Salz · Pfeffer aus der Mühle
frisch geriebene Muskatnuss
1 EL Petersilie (gehackt)

Zum Fertigstellen:

1 Scheibe Fontinakäse
(ca. 1 cm dick) · Salz
4 Scheiben durchwachsener Speck
1 EL Olivenöl

Für 4 Personen

1 Für die Knödel die Spinatblätter verlesen, gründlich waschen und abtropfen lassen, grobe Stiele entfernen. Den Spinat in Salzwasser blanchieren, kalt abschrecken und abtropfen lassen. Die Blätter mit den Händen gut ausdrücken und klein hacken.

2 Die Zwiebel schälen und in kleine Würfel schneiden. Die Zwiebelwürfel mit dem Knoblauch in einer Pfanne in der Butter bei milder Hitze glasig anschwitzen. Die Zwiebel-Knoblauch-Mischung mit dem Ricotta, dem Eigelb, den Weißbrotbröseln, dem Hartweizengrieß, dem Spinat, dem Parmesan und der braunen Butter verrühren. Die Knödelmasse mit Salz, Pfeffer und Muskatnuss würzen und zugedeckt 30 Minuten ruhen lassen.

3 Für das Gemüse den Lauch putzen, waschen, längs halbieren und quer in 1 cm breite Streifen schneiden. Die Champignons putzen, trocken abreiben und halbieren.

4 Die Lauchstreifen in einer Pfanne in 1 EL Olivenöl bei milder Hitze anschwitzen, die Gemüsebrühe angießen und den Lauch einige Minuten ziehen lassen. Die Sahne dazugießen. Die Champignons in einer zweiten Pfanne in 1 EL Olivenöl bei mittlerer Hitze 1 bis 2 Minuten anbraten und mit 1 Prise Kümmel würzen. Die Champignons zum Lauchgemüse geben und die Butter hinzufügen. Das Gemüse mit Salz, Pfeffer und Muskatnuss würzen und die Petersilie unterrühren.

5 Zum Fertigstellen den Fontinakäse entrinden und in 16 kleine Würfel schneiden. Den Knödelteig mit angefeuchteten Händen zu 16 kleinen Knödeln formen und dabei je 1 Käsewürfel als Füllung in die Mitte geben. Die Knödel bis zur Weiterverarbeitung auf einem mit Frischhaltefolie ausgelegten Tablett zugedeckt aufbewahren.

6 Die Spinatknödel in siedendem Salzwasser etwa 10 Minuten gar ziehen lassen. Die Speckscheiben in 2 bis 3 cm breite Streifen schneiden und in einer Pfanne im Olivenöl bei milder Hitze auf beiden Seiten kross braten. Aus der Pfanne nehmen und auf Küchenpapier abtropfen lassen. Das Lauchgemüse auf vorgewärmte Teller verteilen, den Speck darüber streuen und die Knödel darauf anrichten.

Ricotta-Parmesan-Gnocchi mit Zitronensauce

Für die Gnocchi:

800 g Ricotta
140 g frisch geriebener Parmesan
3 Eier
270 g doppelgriffiges Mehl
2 EL flüssige braune Butter
Salz · frisch geriebene Muskatnuss
doppelgriffiges Mehl zum Bestäuben
Öl zum Bestreichen

Für die Sauce:

1 Zwiebel
1 EL Öl
1/4 l Gemüsebrühe
1 kleines Lorbeerblatt
80 g Mascarpone
Salz · Cayennepfeffer
einige Spritzer Zitronensaft
abgeriebene Schale von 1/2 unbehandelten Zitrone

Zum Fertigstellen:

1/2 Bund Rucola
Salz · Pfeffer aus der Mühle
frisch geriebene Muskatnuss
50 g Parmesan (am Stück)

Für 4 Personen

1 Für die Gnocchi Ricotta, Parmesan, Eier, Mehl, flüssige braune Butter, Salz und Muskatnuss zu einem glatten Teig verkneten. Den Teig zu mehreren 2 cm dicken Rollen formen, dabei mit ausreichend Mehl bestäuben. Die Teigrollen in 1 bis 2 cm lange Stücke schneiden.

2 In einem großen Topf reichlich Salzwasser erhitzen. Die Gnocchi darin portionsweise garen, bis sie nach oben steigen, und weitere 2 Minuten ziehen lassen. Mit einer Schaumkelle vorsichtig herausheben, kurz abtropfen lassen und bis zur Weiterverarbeitung auf einem geölten Tablett verteilen.

3 Für die Sauce die Zwiebel schälen, in kleine Würfel schneiden und in einem Topf im Öl bei milder Hitze glasig anschwitzen. Die Gemüsebrühe angießen, das Lorbeerblatt hinzufügen und die Sauce knapp unter dem Siedepunkt 10 Minuten ziehen lassen. Das Lorbeerblatt wieder entfernen. Den Mascarpone mit dem Stabmixer untermischen und die Sauce mit Salz, Cayennepfeffer, Zitronensaft und -schale abschmecken.

4 Zum Fertigstellen den Rucola verlesen, waschen und trockenschütteln, die harten Stiele entfernen und die Blätter klein schneiden. Die Gnocchi in der Zitronensauce erhitzen und den Rucola unterheben, mit Salz, Pfeffer und Muskatnuss würzen. Die Gnocchi auf vorgewärmte Teller verteilen und Parmesan darüber hobeln.

MEIN TIPP

Da der Teig recht weich ist, sollte er mit ausreichend Mehl geformt werden. Das doppelgriffige Mehl gibt den Gnocchi eine lockere, aber kernige Konsistenz.

Safran-Vanille-Risotto mit Knoblauch

Für 4 Personen

½ Zwiebel
2 EL Olivenöl
300 g Risottoreis (Arborio, Vialone nano oder Carnaroli)
60 ml Weißwein
¾–1 l heiße Geflügelbrühe
1 Döschen Safranfäden
1 Scheibe Knoblauch
1 Scheibe Ingwer
½ Vanilleschote
1 Streifen unbehandelte Zitronenschale
Salz · Cayennepfeffer
1 EL Butter
40 g frisch geriebener Parmesan

1 Die Zwiebel schälen und in kleine Würfel schneiden. In einem breiten Topf im Olivenöl bei milder Hitze glasig anschwitzen. Den Reis dazugeben und so lange mitschwitzen, bis die Reiskörner glasig sind.

2 Mit dem Weißwein ablöschen und die Flüssigkeit reduzieren lassen. Unter häufigem Rühren immer wieder etwas Geflügelbrühe angießen und bei milder Hitze reduzieren lassen, bis die Reiskörner nach 15 bis 20 Minuten weich sind, aber noch Biss haben.

3 Nach gut 15 Minuten Safran, Knoblauch, Ingwer, Vanilleschote und Zitronenschale in den Risotto geben. Sobald der Reis fertig ist, alle ganzen Gewürze wieder entfernen.

4 Den Safranrisotto mit Salz und Cayennepfeffer würzen, Butter und Parmesan unterrühren und sofort servieren.

MEIN TIPP

Bei der Zubereitung von Risotto immer nur wenig heiße Flüssigkeit angießen, damit der Garprozess nicht unterbrochen wird. Erst wenn die Reiskörner die Flüssigkeit vollständig aufgesaugt haben, erneut Brühe nachgießen.

Nudelrisotto mit Fontinakäse

120 g Fontinakäse (oder anderer gut schmelzender Bergkäse)
50 g getrocknete Tomaten (nicht eingelegt)
½ Zwiebel
2 EL Olivenöl
300 g Rissoni (reisförmige Hartweizennudeln)
1 Schuss Weißwein
1 Lorbeerblatt
600 ml heiße Gemüsebrühe
1 junge Knoblauchzehe
1 Rosmarinzweig
1 EL Butter

Für 4 Personen

1 Den Fontinakäse entrinden und in ½ cm große Würfel schneiden. Die getrockneten Tomaten im Küchenmixer fein mahlen.

2 Die Zwiebel schälen, in kleine Würfel schneiden und in einem Topf im Olivenöl bei milder Hitze glasig anschwitzen. Die Rissoni-Nudeln hinzufügen und kurz mitschwitzen. Mit dem Weißwein ablöschen und die Flüssigkeit etwas reduzieren lassen. Das Lorbeerblatt dazugeben. Die Gemüsebrühe unter Rühren nach und nach angießen, bis die Nudeln nach 8 bis 10 Minuten bissfest sind.

3 Den Knoblauch schälen und in dünne Scheiben schneiden. Die Rosmarinnadeln abstreifen und fein hacken. Knoblauch, Rosmarin und 1 EL gemahlene Trockentomaten unter den Risotto rühren. Zuletzt die Käsewürfel und die Butter unter den Risotto mischen.

4 Den Risotto auf vorgewärmte Teller verteilen, mit den restlichen gemahlenen Tomaten bestreuen und sofort servieren.

MEIN TIPP

Falls etwas von den gemahlenen Tomaten übrig bleibt, kann man dies luft- und lichtgeschützt (z. B. in einem dunklen Schraubglas) aufbewahren und zum Verfeinern von Nudel- und Reisgerichten, Tomatensuppen- und saucen verwenden.

STEEL

Pizza mit Steinpilzen und kandierten Tomaten

Für die Tomatensauce:

½ Zwiebel
1 Knoblauchzehe
1 EL Olivenöl
300 g geschälte Tomaten (aus der Dose)
1 Lorbeerblatt
getrockneter Oregano
Salz · Cayennepfeffer

Für den Pizzateig:

10 g Hefe (¼ Würfel)
250 g Mehl
1 gestr. TL Salz · 2 EL Olivenöl

Zum Fertigstellen:

150 g kleinere, feste Steinpilze
1 Bund Rucola · 2 EL Olivenöl
Mehl zum Ausrollen
3 Kugeln Mozzarella (à 125 g)
120 g scharfe Salami (in dünnen Scheiben)
1-2 TL Olivenöl · ½-1 EL Butter
Salz · Pfeffer aus der Mühle
einige Basilikumblätter
10-15 kandierte Tomaten (siehe Rezept S. 14)

Für 4 Personen

1 Für die Tomatensauce die Zwiebel schälen und in kleine Würfel schneiden. Den Knoblauch schälen und hacken. Zwiebel und Knoblauch in einem kleinen Topf im Olivenöl bei milder Hitze glasig anschwitzen. Die Dosentomaten samt Saft hinzufügen, das Lorbeerblatt dazugeben und die Sauce 15 bis 20 Minuten köcheln lassen. Die Tomatensauce mit Oregano, Salz und Cayennepfeffer würzen.

2 Für den Pizzateig die Hefe in ⅛ l lauwarmem Wasser auflösen, mit dem Mehl, dem Salz und dem Olivenöl zu einem glatten Teig verkneten. Den Teig in einer Schüssel mit Frischhaltefolie bedeckt an einem warmen Ort 30 Minuten gehen lassen. Den Backofen auf 250 °C vorheizen.

3 Zum Fertigstellen die Steinpilze putzen, trocken abreiben und in Scheiben schneiden. Den Rucola verlesen, waschen und trockenschütteln, die harten Stiele entfernen. Ein tiefes Backblech oder 2 kleine Pizzaformen mit Olivenöl einfetten.

4 Den Teig auf der bemehlten Arbeitsfläche zu einer Platte ausrollen und das Blech oder die Pizzaformen damit auslegen. Die Tomatensauce darauf verteilen. Den Mozzarella abtropfen lassen, in Scheiben schneiden, zerpflücken und über die Tomatensauce streuen. Die Salami auf der Pizza verteilen. Die Pizza im vorgeheizten Ofen auf der unteren Schiene 15 bis 20 Minuten backen, bis der Teig gebräunt ist.

5 Die Steinpilze in einer Pfanne in Olivenöl und Butter braten, mit Salz und Pfeffer würzen. Rucola, Steinpilze, Basilikumblätter und kandierte Tomaten auf der fertig gebackenen Pizza verteilen, etwas vom Öl der kandierten Tomaten darüber träufeln.

MEIN TIPP

Das A und O beim Pizzabacken ist, dass der Teig von unten starke Hitze bekommt und schön knusprig wird, während der Belag saftig bleibt. Deshalb wird die Pizza auf der unteren Schiene gebacken. Man kann den Effekt noch verstärken, wenn die Pizza auf einem Pizzastein gebacken wird. Dann reicht meist eine Backzeit von 12 Minuten.

FISCH

Wolfsbarsch auf Kopfsalat-Erbsen-Sauce mit gefüllten Peperoni

Für die Sauce:

50 g Kopfsalatblätter
½ kleine Zwiebel
1 EL Olivenöl
100 g Erbsen (tiefgekühlt)
¼ l Geflügelbrühe
1 Knoblauchzehe (gehackt)
40 g kalte Butter
Salz · Cayennepfeffer
frisch geriebene Muskatnuss
½ EL Minze
(in feine Streifen geschnitten)

Für die gefüllten Peperoni:

4 rote türkische Peperoni
½ l Gemüsebrühe
1 Knoblauchzehe
1 Lorbeerblatt
300 g fest kochende Kartoffeln
3 EL Olivenöl · Salz

Für den Fisch:

2 Wolfsbarschfilets (à ca. 250 g; küchenfertig, mit Haut)
1–2 EL Olivenöl
2 Kartoffelscheiben
(ca. ½ cm dick; zum Unterlegen)
Salz · Pfeffer aus der Mühle

Für 4 Personen

1 Für die Sauce die Salatblätter waschen, trockenschütteln und in dünne Streifen schneiden. Die Zwiebel schälen, in kleine Würfel schneiden und in einem Topf im Olivenöl bei milder Hitze glasig anschwitzen. Zwei Drittel der Erbsen hinzufügen und die Geflügelbrühe angießen. Die Hälfte der Salatstreifen und den Knoblauch dazugeben und knapp unter dem Siedepunkt 3 bis 5 Minuten ziehen lassen. Die Butter dazugeben und alles mit dem Stabmixer oder im Küchenmixer pürieren. Die Sauce mit Salz, Cayennepfeffer und Muskatnuss abschmecken. Den restlichen Salat, die übrigen Erbsen und die Minze unterrühren.

2 Für die gefüllten Peperoni die Peperoni halbieren, entkernen und waschen. Mit der Gemüsebrühe, dem ungeschälten Knoblauch und dem Lorbeerblatt in einem Topf bei mittlerer Hitze etwa 8 Minuten weich ziehen lassen. Bis zum Servieren in der Brühe warm halten. Die Kartoffeln schälen, in möglichst kleine Würfel schneiden und in einer Pfanne im Olivenöl bei milder Hitze goldbraun braten. Auf Küchenpapier abtropfen lassen, mit Salz würzen und ebenfalls warm halten.

3 Für den Fisch die Wolfsbarschfilets waschen, trockentupfen, schräg halbieren und die Haut leicht einritzen. In einer Pfanne im Olivenöl auf der Hautseite bei mittlerer Hitze etwa 3 Minuten kross anbraten und wenden. Die Pfanne vom Herd nehmen, die Kartoffelscheiben unter die Schwanzenden legen und die Fischfilets in der Resthitze glasig durchziehen lassen. Die Filets auf Küchenpapier abtropfen lassen, mit Salz und Pfeffer würzen.

4 Zum Servieren die Peperonihälften aus der Brühe nehmen und abtropfen lassen. Jeweils 2 Hälften auf einen vorgewärmten Teller setzen und mit Kartoffelwürfeln füllen. Die Kopfsalat-Erbsen-Sauce daneben anrichten und den Fisch darauf setzen.

Dorade und Jakobsmuscheln auf mariniertem Peperonigemüse

Für das Gemüse:

1 große weiße Zwiebel
500 g verschiedenfarbige türkische Peperoni
6 EL Olivenöl
2 junge Knoblauchzehen
1/8 l Gemüsebrühe
1 Scheibe Ingwer
1 TL scharfer Senf
Saft von 1/2 Zitrone
Salz · Zucker
Cayennepfeffer
1 EL Petersilie (gehackt)
1–2 TL eingelegte Kapern
getrocknetes Bohnenkraut

Für den Fisch:

4 Doradenfilets (küchenfertig, mit Haut)
1 EL Olivenöl
Salz · Pfeffer aus der Mühle

Für die Jakobsmuscheln:

4 ausgelöste Jakobsmuscheln (nur das weiße Muskelfleisch)
1 EL Olivenöl
Salz · Pfeffer aus der Mühle

Für 4 Personen

1 Für das Gemüse die Zwiebel schälen und in kleine Würfel schneiden. Die Peperoni halbieren, entkernen, waschen und in Rauten schneiden. Beides in einer Pfanne in 1 bis 2 EL Olivenöl bei mittlerer Hitze anschwitzen. Den Knoblauch schälen und in dünne Scheiben schneiden. Die Gemüsebrühe angießen, den Knoblauch und den Ingwer einlegen und knapp unter dem Siedepunkt 10 Minuten ziehen lassen. In ein Sieb abgießen, dabei den Sud auffangen. Den Sud mit Senf, Zitronensaft, Salz, Zucker und Cayennepfeffer würzen und mit dem Stabmixer aufmixen, dabei das restliche Olivenöl nach und nach dazugießen. Das Gemüse darin marinieren, Petersilie, Kapern und 1 Prise Bohnenkraut hinzufügen. Das Peperonigemüse bis zum Servieren warm halten.

2 Für den Fisch die Doradenfilets waschen, trockentupfen und jeweils in 3 gleich große Teile schneiden, dabei die Haut leicht einritzen. In einer Pfanne im Olivenöl auf der Hautseite bei mittlerer Hitze etwa 3 Minuten kross braten und wenden. Die Pfanne vom Herd nehmen und die Fischfilets in der Resthitze einige Minuten glasig durchziehen lassen, mit Salz und Pfeffer würzen.

3 Für die Jakobsmuscheln das weiße Muskelfleisch waschen und mit Küchenpapier trockentupfen. In einer Pfanne im Olivenöl bei mittlerer Hitze auf beiden Seiten insgesamt 1 bis 2 Minuten braten. Die Jakobsmuscheln mit Salz und Pfeffer würzen, quer halbieren und mit den Doraden auf dem marinierten Peperonigemüse anrichten.

MEIN TIPP

Wenn man beim Braten von Fischfilets nach dem Wenden jeweils 1 Kartoffelscheibe unter das Schwanzstück legt, wird das dünne Fleischstück geschützt und bleibt saftig. Je nach Garzeit und Dicke der Kartoffelscheibe kann sie anschließend mitgegessen werden.

Zackenbarsch aus dem Ofen auf Bohnengemüse

Für die Sauce:

2 Kartoffeln
300 ml Gemüsebrühe
1 Lorbeerblatt
1 Döschen Safranfäden
50 g Sahne
1 EL kalte Butter
Salz · Cayennepfeffer

Für das Gemüse:

je 80 g getrocknete kleine weiße Bohnen (ersatzweise 160 g weiße Bohnen aus der Dose)
Salz · ½ Zwiebel
1 Knoblauchzehe
200 g breite grüne Bohnen
1 rote Zwiebel · 1 EL Butter
1 Msp. Knoblauch (gehackt)
Salz · Cayennepfeffer
1 EL Dill (gehackt)

Für den Fisch:

4 Zackenbarschfilets (à 120 g; küchenfertig, mit Haut)
1 EL Olivenöl · je 3 Petersilienstiele, Thymian- und Dillzweige
½ unbehandelte Zitrone (in Scheiben)
2 Knoblauchzehen (geschält und halbiert)
Salz · Pfeffer aus der Mühle

Für 4 Personen

1 Für das Gemüse die weißen Bohnen über Nacht in kaltem Wasser einweichen und abgießen.

2 Für die Sauce die Kartoffeln schälen und in 1 cm große Würfel schneiden. Die Kartoffelwürfel mit der Gemüsebrühe, dem Lorbeerblatt und dem Safran in einem Topf bei mittlerer Hitze etwa 30 Minuten weich kochen. Das Lorbeerblatt entfernen. Von den Kartoffelwürfeln 2 EL abnehmen, mit der Gemüsebrühe, der Sahne und der Butter mit dem Stabmixer pürieren. Die Sauce mit Salz und Cayennepfeffer abschmecken. Die restlichen Kartoffelwürfel für das Gemüse beiseite stellen.

3 Für das Gemüse die eingeweichten weißen Bohnen in reichlich Salzwasser mit der Zwiebel und dem ungeschälten Knoblauch bei mittlerer Hitze etwa 1 ½ Stunden weich kochen. In ein Sieb abgießen und abtropfen lassen, die Zwiebel und den Knoblauch entfernen.

4 Die grünen Bohnen putzen, waschen, schräg in etwa 1 ½ cm große Stücke schneiden und in stark gesalzenem Wasser etwa 3 Minuten weich kochen. Kalt abschrecken und abtropfen lassen. Die Zwiebel schälen und in 1 bis 1 ½ cm große Rauten schneiden. In einer großen Pfanne in der Butter bei mittlerer Hitze glasig anschwitzen, beide Bohnensorten, die restlichen Kartoffelwürfel und den gehackten Knoblauch dazugeben. Das Bohnengemüse mit Salz und Cayennepfeffer abschmecken und den Dill hineingeben.

5 Für den Fisch den Backofen auf 100 °C vorheizen. Die Zackenbarschfilets waschen und trockentupfen. In einer Pfanne im Olivenöl auf der Hautseite bei milder Hitze kross anbraten. In einer Auflaufform mit den Kräuterzweigen, den Zitronenscheiben und dem Knoblauch im vorgeheizten Ofen auf der mittleren Schiene 10 Minuten durchziehen lassen. Anschließend mit Salz und Pfeffer würzen. Das Bohnengemüse auf vorgewärmte Teller verteilen, die Sauce darüber geben und die Fischfilets darauf anrichten.

Saltimbocca vom Seeteufel mit Zitronenrisotto

Für 4 Personen

1 Für den Risotto die Zwiebel schälen und in kleine Würfel schneiden. In einem breiten Topf in 1 EL Olivenöl bei milder Hitze glasig anschwitzen. Den Reis dazugeben und so lange mitschwitzen, bis die Reiskörner glasig sind. Mit Weißwein und Zitronensaft ablöschen und einköcheln lassen. Etwas Gemüsebrühe dazugießen und das Lorbeerblatt hinzufügen. Unter ständigem Rühren immer wieder etwas Brühe angießen und einziehen bzw. vom Reis aufsaugen lassen, bis die Reiskörner nach 15 bis 20 Minuten weich sind, aber noch Biss haben.

2 Nach gut 15 Minuten Kochzeit Knoblauch und Ingwer dazugeben. Sobald der Reis fertig ist, Lorbeerblatt, Knoblauch und Ingwer wieder entfernen. Zitronenschale, restliches Olivenöl und Parmesan unter den Risotto rühren, mit Salz und Cayennepfeffer würzen.

3 Für den Fisch das Seeteufelfilet waschen, trockentupfen und in 12 dünne Scheiben schneiden. Zwischen zwei geölten Lagen Frischhaltefolie auf etwa 1 cm Dicke flach klopfen. Die Fischscheiben mit jeweils 1 Salbeiblatt und 1 Speckscheibe belegen. Den Fisch in 2 Portionen in einer Pfanne im Olivenöl bei mittlerer Hitze auf beiden Seiten insgesamt 2 bis 3 Minuten braten. Auf Küchenpapier abtropfen lassen, mit Salz und Pfeffer würzen. Die Seeteufel-Saltimbocca mit dem Zitronenrisotto auf vorgewärmten Tellern anrichten.

Für den Risotto:

½ kleine Zwiebel
3 EL mildes Olivenöl
150 g Risottoreis (Arborio, Vialone nano oder Carnaroli)
2 EL Weißwein
einige Spritzer Zitronensaft
450 ml heiße Gemüsebrühe
1 kleines Lorbeerblatt
½ Knoblauchzehe (geschält)
1 Scheibe Ingwer
1 TL abgeriebene unbehandelte Zitronenschale
1 EL frisch geriebener Parmesan
Salz · Cayennepfeffer

Für den Fisch:

450 g Seeteufelfilet (küchenfertig)
etwas Öl für die Folie
12 Salbeiblätter
12 dünne, gut durchwachsene Speckscheiben
1-2 EL Olivenöl
Salz · Pfeffer aus der Mühle

MEIN TIPP

Die Seeteufelscheiben ziehen sich beim Braten wieder etwas zusammen und sollten daher relativ dünn geklopft werden. Damit die Speckscheiben gut haften, werden sie um die Fischfilets gewickelt und übereinander geschlagen.

Im Ganzen gegarte Lotte mit Fenchel-Sellerie-Gemüse

Für den Fisch:

2 Zwiebeln
2 Stangen Staudensellerie
1 kleine Fenchelknolle
1 kg Lotte (am Stück; mit Knorpel)
1-2 EL Öl
je 1 TL Fenchel- und Senfkörner
Salz · Pfeffer aus der Mühle
6 junge Knoblauchzehen
3 Thymianzweige · 1 Lorbeerblatt
flüssige Butter zum Bepinseln

Für die Kartoffeln:

400 g fest kochende Kartoffeln
400 ml Gemüsebrühe
1 Lorbeerblatt
1 rote Chilischote
1 Knoblauchzehe
1-2 EL Olivenöl
Salz · Cayennepfeffer

Zum Fertigstellen:

1 Streifen unbehandelte Zitronenschale · 1-2 EL Butter
Salz · Pfeffer aus der Mühle
je 1 EL Fenchel-, Senf- und schwarze Pfefferkörner
Fleur de sel

Für 4 Personen

1 Für den Fisch den Backofen auf 180 °C vorheizen. Die Zwiebeln schälen und in 1 ½ cm große Blätter schneiden. Den Staudensellerie und den Fenchel putzen und waschen, das Fenchelgrün beiseite legen. Sellerie und Fenchel in 2 cm große Stücke schneiden.

2 Die Lotte im Ganzen waschen, trockentupfen und mit einem scharfen Messer alle Häute entfernen. Den Fisch in einem Bräter im Öl bei mittlerer Hitze rundum anbraten und herausnehmen. Fenchel- und Senfkörner im Öl anschwitzen, das vorbereitete Gemüse hinzufügen und glasig anschwitzen, mit Salz und Pfeffer leicht würzen. Das Gemüse in eine Auflaufform geben und die Lotte darauf legen. Den ungeschälten Knoblauch, den Thymian und das Lorbeerblatt um den Fisch verteilen und die Lotte im vorgeheizten Ofen auf der mittleren Schiene 25 bis 30 Minuten garen, dabei mehrmals mit der Butter bepinseln.

3 Für die Kartoffeln die Kartoffeln schälen und in 1 bis 1 ½ cm große Würfel schneiden. Die Kartoffelwürfel in der Gemüsebrühe mit dem Lorbeerblatt, der Chilischote und dem ungeschälten Knoblauch bei mittlerer Hitze weich kochen. In ein Sieb abgießen, dabei den Fond auffangen. Die Kartoffelwürfel in einer Pfanne im Olivenöl bei milder Hitze braten, mit Salz und Cayennepfeffer würzen.

4 Zum Fertigstellen die Lotte aus der Auflaufform nehmen und etwas Fond zu dem Gemüse gießen. Das Fenchelgrün und die Zitronenschale einlegen, beides einige Minuten ziehen lassen und wieder entfernen. Die Butter unterrühren und das Gemüse mit Salz und Pfeffer würzen. Die Fenchel-, Senf- und Pfefferkörner in eine Gewürzmühle füllen. Den Fisch vom Knorpel lösen und in Scheiben schneiden, mit Fleur de sel und der Mischung aus der Gewürzmühle kräftig würzen.

5 Zum Servieren das Gemüse mit den Kartoffelwürfeln auf vorgewärmten Tellern anrichten und die Lottescheiben darauf legen. Mit dem Gemüsesud beträufeln.

Rotbarbe mit gebratenem Gemüse und Proseccosauce

Für das Gemüse:

je 1 EL Fenchel- und Korianderkörner
1 Zwiebel
1 Fenchelknolle
je 1 rote und gelbe Paprikaschote
1/2-1 kleiner Zucchino
100 g junger Blattspinat
1-2 EL Olivenöl
200 ml Gemüsebrühe
1/2 Knoblauchzehe (geschält)
1 Lorbeerblatt
2-3 Thymianzweige
1 Scheibe Ingwer
Salz · Pfeffer aus der Mühle

Für die Sauce:

1 TL Puderzucker
100 ml Prosecco
30 g kalte Butter
je 1/2-1 TL abgeriebene unbehandelte Zitronen- und Orangenschale
Salz · Cayennepfeffer

Für den Fisch:

4 Rotbarbenfilets (küchenfertig, mit Haut)
1 EL Olivenöl
Salz · Pfeffer aus der Mühle

Für 4 Personen

1 Für das Gemüse die Fenchel- und Korianderkörner in eine Gewürzmühle füllen. Die Zwiebel schälen, die Fenchelknolle putzen und waschen. Die Paprikaschoten halbieren, entkernen und waschen. Den Zucchino putzen, waschen und längs in 4 mm dicke Scheiben schneiden. Alle Gemüsesorten in etwa 2 cm große Rauten schneiden. Den Spinat verlesen, waschen und abtropfen lassen, grobe Stiele entfernen.

2 Zwiebel, Fenchel, Paprika und Zucchino in einer tiefen Pfanne im Olivenöl bei mittlerer Hitze anbraten. Die Gemüsebrühe angießen, den Knoblauch, das Lorbeerblatt, den Thymian und den Ingwer einlegen. Mit Salz und Pfeffer würzen und 10 Minuten ziehen lassen. In ein Sieb abgießen, den Fond auffangen und für die Sauce beiseite stellen. Das Gemüse mit dem Spinat in der Pfanne bei mittlerer Hitze 2 Minuten ziehen lassen und mit der Mischung aus der Gewürzmühle würzen.

3 Für die Sauce den Puderzucker in einem kleinen Topf bei milder Hitze hell karamellisieren lassen. Mit dem Prosecco ablöschen und auf ein Drittel reduzieren lassen. 100 ml Gemüsefond angießen und erhitzen, die Butter und die Zitrusschalen unterrühren. Die Sauce mit dem Stabmixer pürieren, mit Salz und Cayennepfeffer abschmecken.

4 Für den Fisch die Rotbarbenfilets waschen und trockentupfen. In einer Pfanne im Olivenöl auf der Hautseite bei mittlerer Hitze einige Minuten kross braten und wenden. Die Pfanne vom Herd nehmen und die Filets in der Resthitze glasig durchziehen lassen. Die Fischfilets herausnehmen, auf Küchenpapier abtropfen lassen und mit Salz und Pfeffer würzen. Das Gemüse auf vorgewärmte Teller verteilen, die Proseccosauce darüber geben und die Rotbarbenfilets darauf anrichten.

Forelle mit italienischer Kräuterbutter

Für die Kräuterbutter:

1 TL eingelegte Kapern
1 eingelegtes Sardellenfilet
3 getrocknete Tomaten (in Öl)
½ kleine Zwiebel
1 EL Olivenöl
60 g weiche Butter
abgeriebene Schale von
1 unbehandelten Limette
1 EL Basilikum (gehackt)
Salz · Pfeffer aus der Mühle

Für den Fisch und zum Fertigstellen:

4 halbierte Forellenfilets
(à 120 g; küchenfertig, mit Haut)
1 EL Öl
Salz · Pfeffer aus der Mühle

Für 4 Personen

1 Für die Kräuterbutter die Kapern und das Sardellenfilet fein hacken. Die Tomaten auf Küchenpapier abtropfen lassen und in möglichst kleine Würfel schneiden. Die Zwiebel schälen und in kleine Würfel schneiden. In einer Pfanne im Olivenöl glasig anschwitzen, die Tomatenwürfel kurz mitbraten und abkühlen lassen. Die Butter schaumig rühren, die Zwiebel-Tomaten-Mischung, Kapern, Sardellen, Limettenschale und Basilikum unterrühren. Die Kräuterbutter mit Salz und Pfeffer herzhaft abschmecken.

2 Für den Fisch die Forellenfilets waschen und trockentupfen. In einer Pfanne im Öl auf der Hautseite bei mittlerer Hitze etwa 2 Minuten anbraten und wenden. Die Pfanne vom Herd nehmen und die Fischfilets in der Resthitze einige Minuten glasig durchziehen lassen. Den Fisch auf Küchenpapier abtropfen lassen, mit Salz und Pfeffer würzen.

3 Zum Fertigstellen das Bratfett aus der Pfanne entfernen, die Kräuterbutter in der Pfanne schmelzen lassen. Die Fischfilets wieder in die Pfanne geben, mit der Kräuterbutter beträufeln und sofort servieren. Dazu passen kleine Salzkartoffeln, aber auch Risotto oder Weißbrot.

MEIN TIPP

Die Kräuterbutter lässt sich gut auf Vorrat zubereiten. In Backpapier eingerollt, kann man sie im Kühlschrank bis zu 10 Tage aufbewahren. Man kann sie aber auch portionsweise einfrieren.

Stockfisch mit Zwiebelfrittata

Für 6-8 Personen

1 Für den Fisch den Stockfisch in kaltem Wasser eingelegt 5 Tage in den Kühlschrank stellen, dabei das Wasser täglich erneuern. Anschließend Haut und Gräten entfernen.

2 Die Möhre schälen, längs halbieren und quer in dünne Scheiben schneiden. Den Staudensellerie putzen, waschen und in dünne Scheiben schneiden. Die Gemüsebrühe aufkochen und die Möhren- und Selleriescheiben darin bissfest garen. Den Essig und 5 EL Olivenöl unterrühren und den Knoblauch einlegen, die Marinade mit Salz, Pfeffer und je 1 Prise Cayennepfeffer und Zucker abschmecken. Zuletzt die Petersilie dazugeben, die Knoblauchscheiben nach einigen Minuten wieder entfernen.

3 In einen Topf mit Dämpfeinsatz etwas Wasser füllen, den Dämpfeinsatz einsetzen und mit dem restlichen Olivenöl einpinseln. Den Deckel aufsetzen und das Wasser zum Kochen bringen. Den Stockfisch auf dem Dämpfeinsatz zugedeckt bei milder Hitze 12 Minuten garen. Den Topf vom Herd nehmen, den Deckel abnehmen und den Fisch etwas abkühlen lassen. Den Stockfisch in grobe Stücke brechen, auf eine vorgewärmte Platte geben und mit der Marinade beträufeln.

4 Für die Frittata die Zwiebeln schälen und in Streifen schneiden. In einer großen Pfanne im Olivenöl bei milder Hitze glasig anschwitzen, mit Salz, Pfeffer und 1 Prise Oregano würzen. Die Eier verquirlen, mit Salz, Pfeffer und Muskatnuss würzen. Die Zwiebeln in der Pfanne gleichmäßig verteilen, die Eier darüber gießen und bei milder Hitze goldbraun backen. Die Frittata auf einen flachen Teller gleiten lassen, den Pfannendeckel oder einen zweiten Teller darauf legen, den Teller umdrehen und die Frittata wieder in die Pfanne gleiten lassen, um auch die zweite Seite hell zu bräunen. Auf eine vorgewärmte Platte stürzen und in Stücke schneiden.

5 Jeweils 1 Stück Frittata mit etwas mariniertem Stockfisch auf vorgewärmten Tellern anrichten oder den Fisch und die Frittata separat auf vorgewärmten Platten servieren.

Für den Fisch:

700 g Stockfisch
1 Möhre
1 Stange Staudensellerie
200 ml Gemüsebrühe
2-3 EL Weißweinessig
6 EL mildes Olivenöl
1 Knoblauchzehe (in Scheiben)
Salz · Pfeffer aus der Mühle
Cayennepfeffer
Zucker
2 EL Petersilie (gehackt)

Für die Frittata:

3 rote Zwiebeln
2 EL Olivenöl
Salz · Pfeffer aus der Mühle
getrockneter Oregano
6 Eier
frisch geriebene Muskatnuss

Muscheln in Pergamentpapier

Für die Muscheln:

je 1 unbehandelte Zitrone und Orange
1 ½ kg Miesmuscheln
4 Petersilienstiele
4 Scheiben Ingwer
4 Lorbeerblätter
4 Thymianzweige
8 Knoblauchzehen

Für die Marinade:

4 Tomaten
2 Schalotten
1 Knoblauchzehe
1 EL Olivenöl
⅛ l Gemüsebrühe
1 EL Petersilie (gehackt)
2 TL Thymianblättchen
Salz · Cayennepfeffer

Zum Fertigstellen:

mildes Olivenöl zum Beträufeln

Für 4 Personen

1 Für die Muscheln den Backofen auf 160 °C vorheizen. Die Zitrone und die Orange heiß waschen, trockenreiben und jeweils in 8 Scheiben schneiden. Die Muscheln unter fließendem kaltem Wasser gründlich säubern und tropfnass auf 4 Bögen Pergamentpapier verteilen, geöffnete Muscheln aussortieren. Die Muscheln mit je 2 Orangen- und Zitronenscheiben, 1 Petersilienstiel, 1 Ingwerscheibe, 1 Lorbeerblatt, 1 Thymianzweig und 2 ungeschälten Knoblauchzehen in dem Papier einschlagen und die Enden fest zusammendrücken. Die Muscheln in den Pergamentpäckchen im vorgeheizten Ofen auf der mittleren Schiene 15 bis 20 Minuten garen.

2 Für die Marinade den Stielansatz der Tomaten entfernen, die Tomaten kreuzweise einritzen und etwa 20 Sekunden in kochendes Wasser tauchen. Kalt abschrecken, häuten, vierteln und entkernen, das Fruchtfleisch in kleine Würfel schneiden. Die Schalotten schälen und ebenfalls in kleine Würfel schneiden. Den Knoblauch schälen und in dünne Scheiben schneiden. Schalotten und Knoblauch in einem Topf im Olivenöl glasig anschwitzen und die Gemüsebrühe angießen. Die Petersilie, die Tomatenwürfel und den Thymian dazugeben, mit Salz und Cayennepfeffer würzen.

3 Zum Fertigstellen die Muscheln aus dem Ofen nehmen, auf vorgewärmte Teller setzen und das Pergament öffnen. Muscheln, die sich nicht geöffnet haben, aussortieren. Die Tomatenmarinade darüber verteilen und mit Olivenöl beträufeln.

MEIN TIPP

Damit sich die Muscheln im Backofen öffnen, brauchen sie reichlich Flüssigkeit. Sie sollten sie deshalb tropfnass auf die Pergamentpapierbögen legen. Zusätzlich kann man noch etwas Weißwein über die Muscheln träufeln.

FLEISCH

Schweinekarree mit würziger Kruste

Für das Schweinekarree:

2 kg Schweinekarree (mit Schwarte; küchenfertig)
350 ml Geflügelbrühe
300 g kleine fest kochende Kartoffeln
2 Rosmarinzweige
6 Knoblauchzehen (geschält)
2 mittelscharfe Chilischoten
Salz

Für die Rotweinzwiebeln:

1 EL Puderzucker
1/4 l Rotwein
500 g kleine Zwiebeln (braunschalige flache Schalotten, auch Grillzwiebeln genannt)
1–2 TL milder Balsamicoessig
Salz · Pfeffer aus der Mühle

Für die Marinade:

je 1 TL Fenchelkörner und ganzer Kümmel
1/2 TL getrockneter Oregano
je 1/2 TL abgeriebene unbehandelte Zitronen- und Orangenschale
1 Knoblauchzehe (gehackt)
1 TL Balsamicoessig
1 TL Honig
3 EL flüssige Butter
Salz · Cayennepfeffer
1 EL Orangensaft

Für 6–8 Personen

1 Für das Schweinekarree den Backofen auf 130 °C vorheizen. Das Fleisch mit der Schwarte nach unten in einen Bräter geben und die Geflügelbrühe angießen (die Schwarte sollte vollständig mit Brühe bedeckt sein, eventuell noch etwas Brühe dazugießen). Das Fleisch im vorgeheizten Ofen auf der mittleren Schiene 1 1/2 Stunden garen.

2 Den Bräter aus dem Ofen nehmen, das Fleisch herausnehmen und wenden. Die Brühe abgießen und auffangen. Die Schwarte mit einem scharfen Messer in Scheibendicke (etwa zwischen dem Knochenverlauf) einschneiden und das Schweinekarree auf ein Backblech legen. Die Backofentemperatur auf 160 °C erhöhen und das Fleisch weitere 1 1/2 Stunden garen.

3 Die Kartoffeln schälen und in etwa 1/2 cm dicke Scheiben schneiden. Die Kartoffelscheiben mit dem Rosmarin, dem Knoblauch und den Chilischoten um den Braten auf dem Blech verteilen. Die Backofentemperaur auf 220 °C erhöhen. Die Schwarte mit Salz bestreuen und 20 bis 30 Minuten kross braten.

4 Für die Rotweinzwiebeln den Puderzucker in einem Topf bei milder Hitze hell karamellisieren lassen und mit dem Rotwein ablöschen. Die Zwiebeln schälen und in den Topf geben, den Deckel so auflegen, dass ein Spalt offen bleibt. Nach 20 Minuten den Deckel abnehmen und den Rotwein etwas einköcheln lassen. Die vom Schweinebraten abgegossene Brühe in einem Topf etwas einköcheln lassen und zu den Zwiebeln geben. Den Sud mit Essig, Salz und Pfeffer abschmecken.

5 Für die Marinade die Fenchelkörner und den Kümmel in einer Pfanne ohne Fett anrösten, bis sie zu duften beginnen. Mit Oregano, Zitronen- und Orangenschale, Knoblauch, Essig, Honig und flüssiger Butter verrühren. Mit Salz, Cayennepfeffer und Orangensaft abschmecken. Die kross gebratene Kruste mit der Marinade bestreichen.

6 Zum Anrichten das Schweinekarree in Scheiben schneiden, mit den Rotweinzwiebeln und den Kartoffeln auf vorgewärmte Teller verteilen.

Saltimbocca und gefüllte Schnitzel im Parmesanmantel

Für die Saltimbocca:

400 g Schweinelende (küchenfertig)
Öl für die Folie
6 hauchdünne Scheiben Parmaschinken
4 EL frisch geriebener Parmesan
3-4 EL Öl
1-2 EL Sambuca (ital. Anislikör)
40 ml Geflügelbrühe
1 Knoblauchzehe
6-8 Salbeiblätter
2 EL kalte Butter

Für die Schnitzel:

4 Eier
160 g frisch geriebener Parmesan
100 g Mehl
Salz · Pfeffer aus der Mühle
frisch geriebene Muskatnuss
2 Schalotten
150 g Steinpilze
100 ml Olivenöl
gemahlener Kümmel
1 Msp. Knoblauch (gehackt)
½ TL abgeriebene unbehandelte Zitronenschale
½-1 EL Petersilie (gehackt)
8 kleine Kalbsschnitzel (à 90-100 g; küchenfertig)
Öl für die Folie

Für je 4 Personen

1 Für die Saltimbocca die Schweinelende in 12 Scheiben schneiden. Das Fleisch zwischen zwei Lagen geölter Frischhaltefolie flach klopfen. Den Backofengrill einschalten. Die Schinkenscheiben jeweils quer halbieren, nebeneinander auf ein Backblech legen, mit dem Parmesan bestreuen und unter dem Grill 1 bis 2 Minuten überbacken, bis der Käse geschmolzen ist.

2 Die Fleischscheiben in einer Pfanne im Öl bei mittlerer Hitze auf beiden Seiten goldbraun braten und herausnehmen. Den Bratensatz mit dem Sambuca ablöschen und die Geflügelbrühe angießen, den ungeschälten Knoblauch, den Salbei und die Butter hinzufügen. Das Fleisch wieder in die Pfanne geben und in der Sauce wenden. Zum Anrichten den überbackenen Parmaschinken auf die Fleischscheiben legen und die Saltimbocca mit der Sauce beträufeln.

3 Für die Schnitzel die Eier in einem tiefen Teller verquirlen. Den Parmesan mit 2 EL Mehl vermischen und unter die Eier rühren, mit Salz, Pfeffer und Muskatnuss würzen.

4 Die Schalotten schälen und in kleine Würfel schneiden. Die Steinpilze putzen, trocken abreiben, halbieren und quer in Scheiben schneiden. Die Schalotten in einer Pfanne in 1 EL Olivenöl bei milder Hitze glasig anschwitzen, die Steinpilze dazugeben und kurz mitbraten. Mit Salz, Pfeffer, 1 Prise Kümmel, Knoblauch und Zitronenschale würzen. Zuletzt die Petersilie hinzufügen.

5 Die Kalbsschnitzel zwischen zwei Lagen geölter Frischhaltefolie flach klopfen und mit Pfeffer würzen. Jeweils etwas von der Steinpilz-Schalotten-Mischung in die Mitte der Schnitzel setzen, das Fleisch darüber zusammenklappen und die Enden fest zusammendrücken. Die Schnitzel erst im restlichen Mehl wenden, dann vorsichtig durch die Parmesan-Ei-Mischung ziehen und abtropfen lassen. In einer Pfanne im restlichen Olivenöl bei milder Hitze auf beiden Seiten jeweils etwa 3 Minuten goldbraun braten und auf Küchenpapier abtropfen lassen. Die gefüllten Schnitzel nach Belieben mit Zitronenspalten servieren.

Und ewig lockt der Schinken

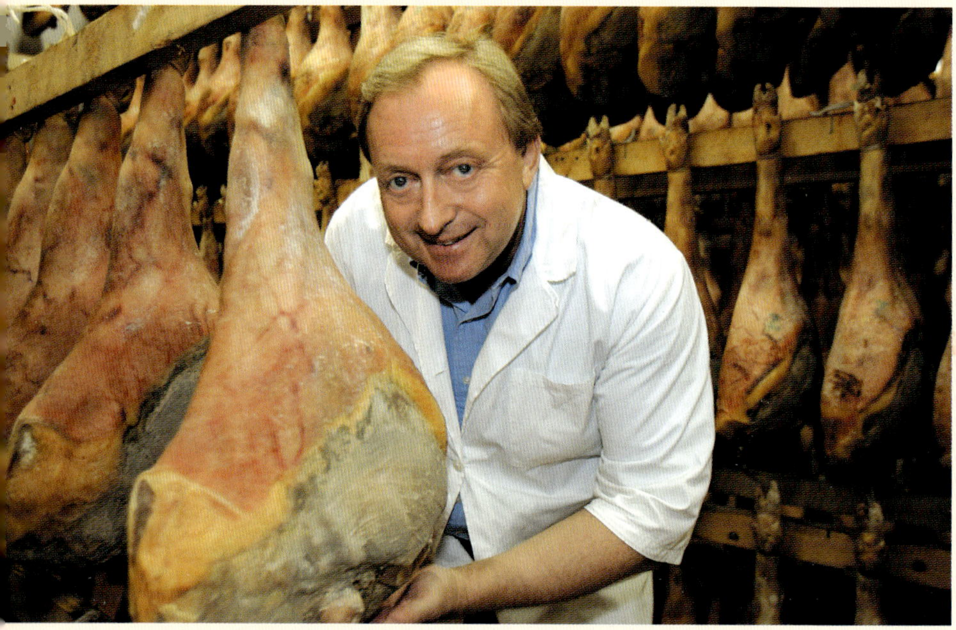

Parma- oder San-Daniele-Schinken: Der Glaubensstreit, welcher Schinken der Beste ist, zählt in Italien zu den kulinarischen Klassikern. Alfons Schuhbeck hat den Disput für sich entschieden. Wenn zwei sich streiten, freut sich der Dritte. Er empfiehlt: Culatello aus Zibello.

Italien ist nicht nur das Land, wo die Zitronen blühen, sondern auch das Land, wo der Himmel voller Schinken hängt. Zumindest in San Daniele (Friaul), Parma und Zibello (beide Emilia-Romagna) – dort, wo die besten Schinken der Welt hergestellt werden. Hier habe ich mich umgeschaut, um dem Geheimnis des »prosciutto crudo«, wie die Italiener sagen, auf den Grund zu gehen.

Qualität ist bei der Schinkenherstellung das A und O. Man ist, was man isst: Dieses gern zitierte Sprichwort trifft auch auf die Schweine zu. In Parma bekommen sie nur das Beste: Futtergerste, Mais, Obst und nicht zu vergessen Molke, die bei der Käseherstellung anfällt. Auch in San Daniele gibt es einen ausgeklügelten Speiseplan für die Tiere. Hier werden sie unter anderem mit Eicheln gefüttert, die für den besonders nussigen Geschmack des Schinkens sorgen. Wie die Schweine gehalten und später die Schinken verarbeitet werden, darüber wacht jeweils ein strenges Konsortium. Ob nun der Schinken aus San Daniele oder der aus Parma besser ist, das kann ich nicht entscheiden. Aber ich kann Ihnen eine noch viel größere Delikatesse empfehlen: den Culatello aus Zibello.

Der Culatello ist der »König der Schinken«. Auch wenn er bei uns noch nicht so bekannt ist, hat er in Italien einen geradezu legendären Ruf. Für ihn wird nur das Kernstück vom Schweineschlegel hergenommen, das zarteste und feinste Muskelfleisch. Im Gegensatz zur kulinarischen Konkurrenz aus

Parma und San Daniele wird der Culatello-Schinken nach dem Einlegen in Salzlake noch mit Gewürzen eingerieben. Auch wenn ich den Schinkenmachern über die Schulter schauen durfte, haben sie mir bei meinem Besuch in Zibello doch nicht alles verraten. Die Kräutermischung ist eines der bestgehüteten Geheimnisse der Produzenten: Aber Pfeffer, Meersalz und Knoblauch gehören auf jeden Fall dazu und Koriander meine ich auch herausgeschmeckt zu haben.

Neben den Kräutern sind der Nebel und die feuchte Luft der Po-Ebene für das typische Aroma des Schinkens verantwortlich. In der Regel wird der Culatello 18 Monate luftgetrocknet. Hier gilt: Je länger, desto besser und meistens dann auch ein bisserl teurer. Ob der Schinken schon reif ist, das entscheiden die Schinkenmacher »frei nach Nase«: Mit einem Pferdeknochen stechen sie in das Fleisch und fördern so die inneren Aromen nach außen. Den richtigen Reifegrad auf diese Weise zu erkennen, das ist schon hohe Kunst. Der Culatello ist in der Emilia-Romagna die klassische Vorspeise. Die Italiener genießen ihn am liebsten pur. Frisches Brot, ein paar Butterflocken darauf, dazu eine hauchdünne Scheibe Schinken: Das ist schon eine kleine »sensazione di gusto«. Echte Kenner schwören aber auf eine ganz andere Methode. Sie marinieren den Schinken 10 Tage in Weiß- oder Rotwein, weil sein Geschmack dann noch besser zur Geltung kommt. Italienischer Schinken steht übrigens schon seit vielen Jahrhunderten in einem fabelhaften Ruf. Im Mittelalter waren die Keulen eine beliebte Kriegsbeute – und später ließ auch Napoleon San Daniele von seinen Truppen plündern. Nur des guten Schinkens wegen, sagt die Legende.

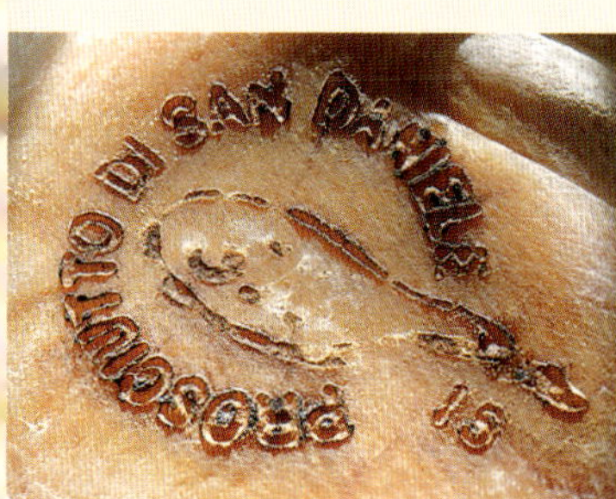

Südtiroler Schaufelbug mit Nudeln und Krautfleckerln

Für den Schaufelbug:

100 g Knollensellerie
1 Möhre · 2 Zwiebeln
1 ½ kg Schaufelbug vom Rind (flache Schulter; küchenfertig)
2 EL Öl
1 EL Tomatenmark
4 cl ital. Weinbrand (z. B. Vecchia Romagna)
300 ml kräftiger Rotwein
1 l Geflügelbrühe
je ½ TL Piment- und schwarze Pfefferkörner
1 Splitter Zimtrinde
1 Lorbeerblatt
1 Knoblauchzehe (geschält und halbiert)
2 Scheiben Ingwer
je 1 Streifen unbehandelte Zitronen- und Orangenschale · Salz

Für die Nudeln:

180 g Rombi (ersatzweise Farfalle)
Salz · 2 EL Olivenöl
½ Kopf junges Weißkraut
2 Zwiebeln · 1 EL Butter
gemahlener Kümmel
getrockneter Oregano
150 ml Geflügelbrühe
Pfeffer aus der Mühle

Für 4 Personen

1 Für den Schaufelbug den Backofen auf 160 °C vorheizen. Knollensellerie, Möhre und Zwiebeln schälen und in etwa 1 cm große Würfel schneiden. Die Rinderschulter in einem Bräter im Öl bei mittlerer Hitze von allen Seiten kurz anbraten und herausnehmen. Das Gemüse im Bräter glasig anschwitzen, das Tomatenmark unterrühren und kurz mitschwitzen. Mit dem Weinbrand und einem Drittel des Rotweins ablöschen und sämig einköcheln lassen. Den restlichen Rotwein jeweils zu einem Drittel hinzufügen und einköcheln lassen.

2 Die Geflügelbrühe angießen. Das angebratene Fleisch wieder in den Bräter geben und im vorgeheizten Ofen auf der mittleren Schiene zugedeckt (oder mit angelegtem Deckel auf dem Herd) 3 Stunden weich garen, dabei mehrmals wenden.

3 Etwa 20 Minuten vor Ende der Garzeit die Piment- und Pfefferkörner, den Zimt und das Lorbeerblatt in die Schmorsauce einlegen. Knoblauch, Ingwer, Zitronen- und Orangenschale dazugeben, einige Minuten in der Sauce ziehen lassen und wieder entfernen. Das Fleisch herausnehmen, die Sauce durch ein Sieb gießen, dabei das Gemüse gut ausdrücken. Die Sauce etwa auf ein Drittel einköcheln lassen und mit Salz abschmecken.

4 Für die Nudeln die Rombi nach Packungsanweisung in reichlich Salzwasser bissfest kochen, in ein Sieb abgießen und abtropfen lassen. Auf einem Tablett verteilen und mit 1 EL Olivenöl vermischen. Vom Weißkraut die äußeren Blätter und den Strunk entfernen und die Blätter in 2 bis 3 cm große Rauten schneiden. Die Zwiebeln schälen und in etwa ebenso große Rauten schneiden.

5 Das Weißkraut und die Zwiebeln in einer tiefen Pfanne in 1 EL Olivenöl und der Butter bei mittlerer Hitze anschwitzen. Mit je 1 Prise Kümmel und Oregano würzen, die Geflügelbrühe angießen. Die vorgekochten Nudeln darin erhitzen, mit Salz und Pfeffer würzen.

6 Das Fleisch nochmals in der Sauce erhitzen, in Scheiben schneiden und mit den Nudeln, den Krautfleckerln und der Sauce auf vorgewärmten Tellern anrichten.

Gefüllte Rinderrouladen mit Tomatensauce

Für 4 Personen

1 Für die Füllung die Zwiebel schälen und in kleine Würfel schneiden. In einer Pfanne im Öl glasig anschwitzen und abkühlen lassen. Die Tomaten auf Küchenpapier abtropfen lassen und ebenso wie die Salami in kleine Würfel schneiden. Die Kapern klein hacken. Das Kalbsbrät mit der Sahne und dem Senf in einer Schüssel glatt rühren. Zwiebeln, Tomaten, Salami, Kapern, Petersilie, 1 Prise Oregano und Zitronenschale unterrühren. Die Füllung gegebenenfalls mit Salz und Pfeffer nachwürzen.

2 Für die Rouladen die Rinderlendenscheiben zwischen zwei Lagen geölter Frischhaltefolie flach klopfen und mit Salz und Pfeffer leicht würzen. Jeweils etwas Füllung in die Mitte der Scheiben setzen, die langen Seiten etwa ½ bis 1 cm nach innen einschlagen und leicht andrücken. Die Fleischscheiben einrollen und mit Holzspießchen oder Rouladennadeln fixieren. Die Rinderrouladen in einer großen Pfanne in 2 EL Öl bei mittlerer Hitze erst auf der Nahtseite, dann rundum anbraten.

3 Die Zwiebel schälen und in ½ cm große Würfel schneiden. In einer tiefen Pfanne im restlichen Öl bei mittlerer Hitze glasig anschwitzen. Das Tomatenmark unterrühren und kurz mitschwitzen. Mit Vin Santo und Rotwein ablöschen, die Geflügelbrühe angießen und etwas einköcheln lassen. Die Dosentomaten samt Saft hinzufügen.

4 Die Rouladen in der Sauce zugedeckt 15 bis 20 Minuten schmoren. Zimt, Knoblauch und Orangenschale dazugeben, einige Minuten in der Sauce ziehen lassen und wieder entfernen. Die Sauce mit Salz und Cayennepfeffer abschmecken.

5 Die gefüllten Rinderrouladen mit reichlich Sauce auf vorgewärmten Tellern anrichten. Als Beilage nach Belieben Gnocchi, Kartoffelpüree, Polenta oder Bandnudeln dazu servieren.

Für die Füllung:

½ Zwiebel · ½–1 EL Öl
2–3 getrocknete Tomaten (in Öl)
70 g würzige Salami
1 TL eingelegte Kapern
350 g Kalbsbrät (vom Metzger)
3 EL Sahne
1 TL scharfer Senf
1 EL Petersilie (gehackt)
getrockneter Oregano
1 TL abgeriebene unbehandelte Zitronenschale
Salz · Pfeffer aus der Mühle

Für die Rouladen:

8 dünne Rinderlendenscheiben (à ca. 70 g; küchenfertig)
Öl für die Folie
Salz · Pfeffer aus der Mühle
3 EL Öl · 1 Zwiebel
1–2 TL Tomatenmark
4 cl Vin Santo (ital. Dessertwein)
80 ml Rotwein
300 ml Geflügelbrühe
150 g Tomatenstücke (aus der Dose)
1 Splitter Zimtrinde
1 Knoblauchzehe (geschält und halbiert)
1 Streifen unbehandelte Orangenschale
Cayennepfeffer

Kalbskotelett mit Mangold, Spargel und gebratenen Pfirsichspalten

Für die Koteletts:
4 Kalbskoteletts
(à ca. 250 g; küchenfertig)
1–2 EL Olivenöl
5 Rosmarinzweige
etwas Gemüsebrühe zum Ablöschen

Für das Gemüse:
½ Staude Mangold · Salz
250 g weißer Spargel
1 EL Olivenöl
⅛ l Gemüsebrühe
1 TL abgeriebene unbehandelte Limettenschale
1 Pfirsich
1 EL Butter
Salz · Pfeffer aus der Mühle

Für die Gewürzbutter:
je 1 EL Wacholderbeeren, Fenchel- und schwarze Pfefferkörner
je 1 TL Senf- und Korianderkörner
1–2 EL Butter · Salz

Für 4 Personen

1 Für die Koteletts den Backofen auf 100 °C vorheizen, ein Ofengitter auf die mittlere Schiene und darunter ein Abtropfblech schieben. Die Kalbskoteletts in einer Pfanne im Olivenöl auf beiden Seiten kurz anbraten. Aus der Pfanne nehmen und im vorgeheizten Ofen auf dem Gitter mit dem Rosmarin etwa 1 Stunde rosa durchziehen lassen. Den Bratensatz in der Pfanne mit der Gemüsebrühe ablöschen und beiseite stellen.

2 Für das Gemüse den Mangold in einzelne Blätter teilen und waschen, die grünen Blätter erst von den Stielen und dann in 2 bis 3 cm breite Streifen schneiden. In Salzwasser bissfest blanchieren, kalt abschrecken und abtropfen lassen.

3 Den Spargel schälen, die holzigen Enden entfernen und die Spargelstangen schräg in Scheiben schneiden. In einem flachen Topf im Olivenöl bei milder Hitze anbraten. Die Gemüsebrühe angießen und den Spargel etwa 3 Minuten dünsten. Die Limettenschale dazugeben und die Mangoldblätter hinzufügen. Den Pfirsich waschen, halbieren, entkernen und in Spalten schneiden. In einer Pfanne in der Butter bei milder Hitze farblos anbraten. Zu dem Gemüse geben, mit Salz und Pfeffer würzen.

4 Für die Gewürzbutter Wacholderbeeren, Fenchel-, Pfeffer-, Senf- und Koriànderkörner in einer Pfanne ohne Fett anrösten, bis sie zu duften beginnen. Die Gewürze in die Pfanne mit der Brühe und dem Bratensatz geben. Alles etwas erhitzen und die Butter darin schmelzen lassen.

5 Die gegarten Kalbskoteletts in der Gewürzbutter wenden und mit Salz würzen. Das Fleisch in Scheiben schneiden und mit dem Gemüse auf vorgewärmten Tellern anrichten, mit der Gewürzbutter beträufeln.

Kalbsfilet im Schinken-Spinat-Mantel auf Chicoréegemüse

Für das Kalbsfilet:

100 g Blattspinat · Salz
4 Scheiben San-Daniele-Schinken
4 Stücke Kalbsfilet (à 100-120 g; küchenfertig)
2-3 EL Olivenöl

Für das Gemüse:

2 Stauden Chicorée
300 g Babyspinat (oder Blattspinat)
1 Zwiebel
1 junge Knoblauchzehe
1/4 Vanilleschote
1 EL Olivenöl
70 ml Gemüsebrühe
Salz · Pfeffer aus der Mühle
frisch geriebene Muskatnuss
2 EL Butter · 1 rote Birne

Für die Kartoffelchips:

300 g kleine fest kochende Kartoffeln
2 EL Olivenöl
Salz · Pfeffer aus der Mühle

Zum Fertigstellen:

Salz · Pfeffer aus der Mühle

Für 4 Personen · siehe Foto rechts

1 Für das Kalbsfilet den Backofen auf 100 °C vorheizen, ein Ofengitter auf die mittlere Schiene und darunter ein Abtropfblech schieben. Den Spinat verlesen, waschen und abtropfen lassen, grobe Stiele entfernen. Den Spinat kurz in Salzwasser blanchieren, kalt abschrecken und zwischen zwei Lagen Küchenpapier gut abtropfen lassen. Die Schinkenscheiben dicht mit den Spinatblättern belegen.

2 Die Filetstücke dünn mit Olivenöl bestreichen. Die Stücke jeweils so auf 1 Schinkenscheibe legen und darin einrollen, dass die Schnittflächen der Filets frei liegen. Die Schinkenscheiben außen dünn mit Olivenöl bestreichen. Die Filets auf der Schnittfläche in einer Pfanne im restlichen Olivenöl bei mittlerer Hitze anbraten. Auf das Ofengitter legen und im vorgeheizten Ofen 45 bis 60 Minuten rosa durchziehen lassen.

3 Für das Gemüse den Chicorée in einzelne Blätter teilen, dabei den Strunk entfernen. Die Blätter 1 Stunde in Wasser einweichen, abtropfen lassen und quer in 1 bis 2 cm breite Streifen schneiden. Den Spinat verlesen, waschen und abtropfen lassen, grobe Stiele entfernen. Die Zwiebel schälen und in kleine Würfel schneiden. Den Knoblauch schälen und in dünne Scheiben schneiden.

4 Den Chicorée mit der Zwiebel, dem Knoblauch und der Vanilleschote im Olivenöl glasig anschwitzen. Den Spinat mit der Gemüsebrühe dazugeben und zusammenfallen lassen, mit Salz, Pfeffer und Muskatnuss würzen. 1 EL Butter unterrühren und die Vanilleschote entfernen. Die Birne waschen, vierteln, entkernen und in dünne Spalten schneiden. In einer Pfanne in der restlichen Butter bei milder Hitze anbraten und mit Pfeffer würzen.

5 Für die Kartoffelchips die Kartoffeln schälen und in 3 mm dicke Scheiben schneiden. Kurz in kaltes Wasser legen und abtropfen lassen. In einer Pfanne im Olivenöl 5 Minuten goldbraun braten. Auf Küchenpapier abtropfen lassen, mit Salz und Pfeffer würzen.

6 Zum Fertigstellen die Kalbsfilets aus dem Ofen nehmen, quer halbieren und mit Salz und Pfeffer würzen. Das Gemüse und die Birnenspalten auf vorgewärmte Teller verteilen, die Kalbsfilets darauf anrichten und die Kartoffelchips dazu servieren.

Kalbsleber mit Balsamicozwiebeln

Für 4 Personen

400 g Zwiebeln
4 Scheiben durchwachsener Speck
2–3 EL Öl
2 EL kalte Butter
1 kleines Lorbeerblatt
2 cl Marsala (ital. Dessertwein)
1 EL Balsamicoessig
1/8 l Geflügelbrühe
1/2–1 TL Senfkörner
Salz · Pfeffer aus der Mühle
1 EL Petersilie (gehackt)
600 g Kalbsleber (küchenfertig)

1 Die Zwiebeln schälen und in dünne Streifen schneiden. Den Speck in Streifen schneiden, in einer Pfanne in 1 EL Öl kross braten und auf Küchenpapier abtropfen lassen.

2 In einer Pfanne 1 EL kalte Butter bei milder Hitze zerlassen und die Zwiebeln darin goldbraun braten. Das Lorbeerblatt hinzufügen, mit Marsala und Essig ablöschen und die Geflügelbrühe angießen. Die Senfkörner einstreuen und 10 Minuten in der Sauce ziehen lassen. Mit Salz und Pfeffer würzen, die Petersilie dazugeben und die restliche kalte Butter unterrühren. Das Lorbeerblatt entfernen.

3 Die Kalbsleber in dünne Scheiben schneiden. Das restliche Öl in einer Pfanne bei milder Hitze erwärmen. Die Leberscheiben darin auf beiden Seiten je etwa 2 Minuten braten und mit Salz und Pfeffer würzen. Die Leber mit den Balsamicozwiebeln auf vorgewärmten Tellern anrichten und mit den Speckstreifen bestreuen.

Geschmorte Kalbsschulter in Barolo mit Schmorgemüse

Für die Gewürzmischung:

je 1 EL Wacholderbeeren, Fenchel- und Senfkörner

Für die Kalbsschulter:

2 Zwiebeln · 1 Fenchelknolle
2 reife Tomaten
1,2 kg Kalbsschulter (flache Schulter; küchenfertig)
2 EL Olivenöl
1-2 TL Puderzucker
1 EL Tomatenmark · 300 ml Barolo (ital. Rotwein aus dem Piemont)
450 ml Geflügelbrühe
10 g getrocknete Steinpilze
1 Lorbeerblatt · 1 Knoblauchzehe (geschält und halbiert)
1 Streifen unbehandelte Zitronenschale
Salz · Pfeffer aus der Mühle

Für das Gemüse:

2 Stangen Staudensellerie
200 g Knollensellerie · 4 Möhren
1 EL Olivenöl · 80 ml Weißwein
1/8 l Gemüsebrühe
1 rote Chilischote · 1 Lorbeerblatt
je 1 Streifen unbehandelte Zitronen- und Orangenschale
1 EL Butter
1 EL Petersilie (gehackt)
Salz · Pfeffer aus der Mühle

Für 4 Personen

1 Für die Gewürzmischung die Wacholderbeeren, Fenchel- und Senfkörner in eine Gewürzmühle füllen.

2 Für die Kalbsschulter den Backofen auf 150 °C vorheizen. Die Zwiebeln schälen, die Fenchelknolle putzen und waschen. Beides in kleine Würfel schneiden. Die Tomaten waschen, halbieren, den Stielansatz entfernen und die Tomaten achteln. Die Kalbsschulter in einem Bräter im Olivenöl bei mittlerer Hitze von allen Seiten anbraten, herausnehmen und den Bratensatz abgießen. Das vorbereitete Gemüse mit dem Puderzucker in dem Bräter glasig anschwitzen. Das Tomatenmark unterrühren, kurz mitschwitzen und mit der Hälfte des Barolo ablöschen. Auf ein Drittel einkochen lassen, den restlichen Barolo dazugeben, nochmals einkochen lassen und die Geflügelbrühe angießen. Das Fleisch in die Sauce legen und zugedeckt im vorgeheizten Ofen auf der mittleren Schiene etwa 3 Stunden schmoren, dabei mehrmals wenden.

3 Etwa 20 Minuten vor Ende der Garzeit die getrockneten Steinpilze mit dem Lorbeerblatt in die Sauce geben, mit der Mischung aus der Gewürzmühle würzen. Zuletzt den Knoblauch und die Zitronenschale dazugeben und einige Minuten in der Sauce ziehen lassen. Den Braten herausnehmen, die Sauce durch ein Sieb gießen, dabei das Gemüse gut ausdrücken. Die Sauce mit Salz und Pfeffer würzen und das Fleisch nochmals in der Sauce erhitzen.

4 Für das Gemüse Stauden- und Knollensellerie putzen, waschen bzw. schälen und schräg in 2 cm große Stücke schneiden. Die Möhren schälen, längs halbieren und ebenfalls schräg in 2 cm große Stücke schneiden. Alles in einem Topf im Olivenöl bei milder Hitze anschwitzen, mit dem Weißwein ablöschen, weitgehend einköcheln lassen und die Gemüsebrühe angießen. Die Chilischote halbieren, entkernen und waschen. Mit dem Lorbeerblatt zum Gemüse geben, zugedeckt bei milder Hitze 20 bis 30 Minuten dünsten. Die Zitrusschalen einlegen und das Gemüse mit der Mischung aus der Gewürzmühle würzen. Die Butter und die Petersilie dazugeben, Lorbeerblatt und Zitrusschalen entfernen. Die Kalbsschulter in Scheiben schneiden, mit Salz, Pfeffer und der Mischung aus der Gewürzmühle würzen. Mit dem Gemüse und der Sauce auf vorgewärmten Tellern anrichten.

Kalbshaxe mit Bohnenpüree

Für die Kalbshaxe:

3 Zwiebeln
1 Kalbshaxe (ca. 2,3 kg; küchenfertig)
2 EL Öl
½–1 EL Tomatenmark
300 ml Geflügelbrühe
250 g Tomatenstücke (aus der Dose)
1 Lorbeerblatt
1 TL abgeriebene unbehandelte Zitronenschale
1 Knoblauchzehe (gehackt)
1 EL Petersilie (gehackt)
Salz · Cayennepfeffer

Für das Bohnenpüree:

200 g getrocknete kleine weiße Bohnen (ersatzweise 400 g aus der Dose)
Salz · 200 g Kartoffeln
1 Lorbeerblatt
1 kleine getrocknete rote Chilischote
80 ml Geflügelbrühe
150 g Mascarpone
1 TL Bohnenkraut (gehackt)
½ Knoblauchzehe (gehackt)
Cayennepfeffer
frisch geriebene Muskatnuss

Für 4 Personen

1 Für das Bohnenpüree die Bohnen über Nacht in kaltem Wasser einweichen und abgießen.

2 Für die Kalbshaxe den Backofen auf 160 °C vorheizen. Die Zwiebeln schälen und in Streifen schneiden. Die Kalbshaxe in einem Bräter im Öl bei mittlerer Hitze von allen Seiten anbraten und herausnehmen. Die Zwiebeln im Bräter hell anschwitzen, das Tomatenmark unterrühren und kurz mitschwitzen. Die Geflügelbrühe angießen, die Kalbshaxe zurück in den Bräter geben. Im vorgeheizten Ofen auf der mittleren Schiene zugedeckt 3 Stunden garen. Dann den Deckel abnehmen und die Kalbshaxe 1 Stunde weitergaren, dabei mehrmals mit der Brühe übergießen.

3 Für das Bohnenpüree die eingeweichten Bohnen in reichlich Salzwasser etwa 3 Stunden weich kochen. Die Kartoffeln schälen, halbieren, nach etwa 2½ Stunden zu den Bohnen geben und mitkochen. Nach weiteren 20 Minuten das Lorbeerblatt und die Chilischote hinzufügen. Bohnen und Kartoffeln in ein Sieb abgießen, Lorbeerblatt und Chilischote entfernen. Die Bohnen mit der Geflügelbrühe mit dem Stabmixer pürieren. Die Kartoffeln noch warm durch die Kartoffelpresse drücken und mit Mascarpone, Bohnenkraut und Knoblauch unter das Bohnenpüree rühren. Das Püree erhitzen und mit Salz, Cayennepfeffer und wenig Muskatnuss abschmecken.

4 Die Dosentomaten samt Saft im Küchenmixer oder mit dem Stabmixer pürieren und 15 Minuten vor Ende der Garzeit mit dem Lorbeerblatt zu der Haxe in den Bräter geben. Zuletzt die Zitronenschale, den Knoblauch und die Petersilie hinzufügen, mit Salz und Cayennepfeffer würzen. Das Lorbeerblatt aus der Sauce entfernen. Die Kalbshaxe in Scheiben schneiden, mit dem Bohnenpüree und der Sauce auf vorgewärmten Tellern anrichten.

MEIN TIPP

Damit das Püree eine schön sämige Konsistenz bekommt, ist es wichtig, dass die Kartoffeln nicht mit dem Stabmixer püriert, sondern separat durch die Kartoffelpresse gedrückt werden.

Lammschulter mit Fenchelgemüse

Für 4 Personen

2 Zwiebeln
1 Fenchelknolle
1 Lammschulter
(ca. 1,3 kg; küchenfertig)
6 EL mildes Olivenöl
1-2 TL Puderzucker
1 EL Tomatenmark
1/4 l Rotwein
1/2 l Geflügelbrühe
je 1 gelbe, grüne und rote
türkische Peperoni
1 Rosmarinzweig
1 Streifen unbehandelte
Zitronenschale
1 TL Fenchelkörner
1/2 Knoblauchzehe (geschält)
Salz · Pfeffer aus der Mühle

1 Die Zwiebeln schälen, den Fenchel putzen und waschen, beides in schmale Spalten schneiden. Die Lammschulter in einem Topf in 2 EL Olivenöl bei mittlerer Hitze von allen Seiten anbraten und herausnehmen. Die Zwiebeln und den Fenchel in den Topf geben, mit Puderzucker bestäuben und glasig anschwitzen. Das Tomatenmark unterrühren und kurz mitschwitzen. Nach und nach mit je einem Drittel Rotwein ablöschen und jeweils sämig einköcheln lassen. Die Lammschulter zurück in den Bräter geben, die Geflügelbrühe angießen und das Fleisch zugedeckt knapp unter dem Siedepunkt 2 1/2 Stunden schmoren.

2 Nach gut 2 Stunden die Peperoni halbieren, entkernen, waschen und schräg in 1 bis 1 1/2 cm breite Stücke schneiden. In einer Pfanne in 1 EL Olivenöl bei milder Hitze anschwitzen und in die Sauce zur Lammschulter geben.

3 Wenn die Lammschulter gar ist, die Sauce durch ein Sieb in einen Topf gießen und um ein Drittel einköcheln lassen, das Gemüse beiseite stellen. Den Rosmarin, die Zitronenschale, die Fenchelkörner und den Knoblauch in die Sauce geben und 5 Minuten ziehen lassen. Die Sauce nochmals durch ein Sieb gießen, das restliche Olivenöl unterrühren und die Sauce mit Salz und Pfeffer abschmecken. Das Lammfleisch und das Gemüse wieder in die Sauce geben.

4 Zum Servieren das Lammfleisch vom Knochen lösen und in Scheiben schneiden. Mit dem Gemüse und der Sauce auf vorgewärmten Tellern anrichten.

MEIN TIPP

Man kann das Lammfleisch auch schon vor dem Garen vom Knochen lösen und dann mit Küchengarn in Form binden.

Lammkarree mit Fenchel-Safran-Gemüse

Für die Gratiniermasse:

150 g weiche Butter
abgeriebene Schale von je 1 unbehandelten Zitrone und Orange
1 kleine Knoblauchzehe (gehackt)
1-2 TL schwarze Pfefferkörner (grob gestoßen)
1 Prise getrockneter Oregano
1 EL Petersilie (gehackt)
Salz
30 g Weißbrotbrösel

Für das Lammkarree:

2 Lammkarrees (mit Rippenknochen; küchenfertig)
2 EL Öl
Salz · Pfeffer aus der Mühle

Für das Gemüse:

2 Fenchelknollen
300 g kleine Schalotten
3-4 kleinere Möhren
1 Knoblauchzehe
1-2 EL Olivenöl
150 ml Gemüsebrühe
1 TL Fenchelkörner
1 Döschen Safranfäden
2 kleine getrocknete rote Chilischoten · Salz

Für 4 Personen

1 Für die Gratiniermasse die Butter schaumig rühren. Alle Gewürze und Kräuter unterrühren, die Kräuterbutter mit Salz abschmecken. Von der Kräuterbutter 2 EL abnehmen und beiseite stellen. Die Weißbrotbrösel unter die restliche Butter rühren und die Gratiniermasse bei Zimmertemperatur aufbewahren.

2 Für das Lammkarree den Backofen auf 100 °C vorheizen. Auf die mittlere Schiene ein Ofengitter und darunter ein Abtropfblech schieben. Die Rippenknochen der Lammkarrees mit einem kleinen Messer sorgfältig vom Fleisch befreien. Die Karrees in einer Pfanne im Öl bei mittlerer Hitze hell anbraten, aus der Pfanne nehmen, auf das Ofengitter legen und im vorgeheizten Ofen etwa 35 Minuten rosa garen. Mit Salz und Pfeffer würzen.

3 Für das Gemüse die Fenchelknollen putzen, waschen, in knapp ½ cm dicke Scheiben schneiden und nochmals halbieren. Die Schalotten schälen und halbieren. Die Möhren schälen, längs halbieren und schräg in 2 bis 3 cm große Stücke schneiden. Den Knoblauch schälen und in dünne Scheiben schneiden.

4 Alle Gemüsesorten in einem Topf im Olivenöl bei milder Hitze anschwitzen. Die Gemüsebrühe angießen, Fenchelkörner, Knoblauch, Safran und Chilischoten hinzufügen, den Deckel auflegen und das Gemüse knapp unter dem Siedepunkt 20 bis 30 Minuten weich ziehen lassen, dabei ab und zu umrühren. Kurz vor dem Servieren die abgenommene Kräuterbutter unterrühren und das Gemüse mit Salz abschmecken, die Chilischoten entfernen.

5 Den Backofengrill einschalten. Das gegarte Fleisch mit der Gratiniermasse bestreichen, auf ein Backblech legen und auf der unteren Schiene einige Minuten goldbraun überbacken. Die Lammkarrees in einzelne Koteletts schneiden und mit dem Fenchel-Safran-Gemüse auf vorgewärmten Tellern anrichten.

GEFLÜGEL & WILD

Rosa gebratene Barbarie-Entenbrust mit winterlichem Gemüse

Für die Ente:

2 Barbarie-Entenbrüste (küchenfertig)
1-2 EL Olivenöl

Für das Gemüse:

2 EL getrocknete Totentrompeten
8-10 Minimöhren
120 g Zuckerschoten
2 Schwarzwurzeln · Salz
je 1 EL Anis-, Koriander- und Senfkörner
1-2 EL Butter
1 Scheibe Ingwer
1 Knoblauchzehe (geschält und halbiert)
70 ml Gemüsebrühe
Pfeffer aus der Mühle

Für die Honigbutter:

30 g Butter
1 TL Kastanienhonig
1 Zacken Sternanis
1 Splitter Zimtrinde
Mark von 1/2 Vanilleschote
5 schwarze Pfefferkörner
3 Pimentkörner
je 1 Streifen unbehandelte Zitronen- und Orangenschale
Salz · Pfeffer aus der Mühle

Zum Anrichten:

Salz · Pfeffer aus der Mühle

Für 4 Personen

1 Für die Ente den Backofen auf 100 °C vorheizen. Auf die mittlere Schiene ein Ofengitter und darunter ein Abtropfblech schieben. Die Entenbrüste waschen, trockentupfen und die Haut rautenförmig einschneiden. In einer Pfanne im Olivenöl auf der Hautseite bei mittlerer Hitze 6 bis 8 Minuten gleichmäßig bräunen. Kurz wenden, um die Poren zu schließen, und auf das Gitter legen. Die Entenbrüste im vorgeheizten Ofen etwa 45 Minuten rosa durchgaren.

2 Für das Gemüse die Totentrompeten in einem Topf in etwas Wasser aufkochen, vom Herd nehmen, 10 Minuten ziehen lassen und in ein Sieb abgießen. Die Minimöhren schälen und in etwa 2 cm große Stücke schneiden. Die Zuckerschoten putzen, waschen und schräg halbieren. Die Schwarzwurzeln unter fließendem kaltem Wasser abbürsten und schälen. Alle Gemüsesorten nacheinander in reichlich Salzwasser bissfest kochen, mit einem Schaumlöffel herausnehmen, kalt abschrecken und abtropfen lassen.

3 Die Anis-, Koriander- und Senfkörner in eine Gewürzmühle füllen. In einer großen, tiefen Pfanne die Butter schmelzen, Ingwer und Knoblauch darin anschwitzen, das Gemüse und die Gemüsebrühe dazugeben. Mit Salz, Pfeffer und der Mischung aus der Gewürzmühle würzen.

4 Für die Honigbutter die Butter mit dem Kastanienhonig und den Gewürzen in einem Topf erwärmen. Den Backofen auf Grillfunktion umschalten und die Entenbrüste weitere 3 bis 5 Minuten kross braten. Anschließend die Haut mit der Honigbutter bestreichen und mit Salz und Pfeffer würzen. Zum Anrichten die Entenbrüste in Scheiben schneiden, mit Salz und Pfeffer leicht würzen und mit dem Gemüse auf vorgewärmten Tellern anrichten.

MEIN TIPP

Dazu passt sehr gut eine Senfsauce: 100 ml Gemüsebrühe mit 100 g Sahne aufkochen. Je 1 bis 2 TL scharfen und süßen Senf, 1 kleines Stück Butter und 1/2 TL abgeriebene unbehandelte Zitronenschale unterrühren. Die Sauce mit Salz und Cayennepfeffer abschmecken.

Perlhuhn im Römertopf mit schwarzem Trüffel

Für das Perlhuhn:

1 Perlhuhn (küchenfertig)
je 1 unbehandelte Zitrone und Orange
grobes Meersalz
Pfeffer aus der Mühle
1 Rosmarinzweig
7 Knoblauchzehen (geschält)
2 große Zwiebeln
2 dünne Möhren
1 Stange Staudensellerie
1-2 EL Olivenöl
4 cl Marsala (ital. Dessertwein)
70 ml Weißwein
2 Lorbeerblätter
1 TL Senfkörner
½ TL Korianderkörner
60 g flüssige Butter

Zum Fertigstellen:

10 g schwarze Trüffel
1 EL Walnussöl
1 Butterflocke
2-3 getrocknete Feigen
Pfeffer aus der Mühle

Für 4 Personen

1 Für das Perlhuhn den Römertopf 10 Minuten in Wasser legen. Das Perlhuhn innen und außen waschen und trockentupfen. Die Zitrone und die Orange heiß waschen, abtrocknen und vierteln. Mit Meersalz, Pfeffer, Rosmarin und 2 Knoblauchzehen mischen und das Perlhuhn damit füllen.

2 Die Zwiebeln schälen und in 1 bis 1 ½ cm große Blätter schneiden. Die Möhren schälen und schräg in Scheiben schneiden. Den Staudensellerie putzen, waschen und ebenfalls schräg in Scheiben schneiden. Alle Gemüsesorten in einer Pfanne im Olivenöl glasig anschwitzen, mit dem Marsala und dem Weißwein ablöschen.

3 Das Gemüse samt Flüssigkeit in den Römertopf füllen und das Perlhuhn darauf setzen. Die Backofentemperatur auf 180 °C einschalten und das Perlhuhn auf der mittleren Schiene 1 Stunde garen. Den Deckel abnehmen, Lorbeerblätter, restlichen Knoblauch, Senf- und Korianderkörner hinzufügen. Das Perlhuhn mit der flüssigen Butter bestreichen und weitere 45 Minuten fertig garen, dabei mehrmals mit Butter bestreichen.

4 Zum Fertigstellen den Trüffel unter fließendem kaltem Wasser abbürsten und in dünne Scheiben hobeln. In einer Pfanne im Walnussöl bei sehr milder Hitze kurz anschwitzen und die Butterflocke dazugeben. Die Feigen klein schneiden und mit den Trüffelscheiben zum Schmorgemüse geben, Pfeffer grob darüber mahlen. Keulen und Brüste des Perlhuhns auslösen, mit dem Schmorgemüse und der Sauce auf vorgewärmten Tellern anrichten.

MEIN TIPP

Der Römertopf wird in den kalten Backofen gestellt, weil er sich nur langsam aufheizen sollte. Wer das Perlhuhn in einem herkömmlichen Schmortopf zubereiten möchte, brät es offen etwa 1 Stunde im auf 160 °C vorgeheizten Backofen. Damit die Haut goldbraun und knusprig wird, sollte man die Backofentemperatur in den letzten 15 Minuten auf etwa 200 °C erhöhen.

Gewürzhendl in Pergamentpapier

Für das Hendl:
1 Knoblauchzehe
1 rote Chilischote
100 ml Weißwein
100 ml Olivenöl
1 TL scharfer Senf
4 Poulardenbrüste
(à ca. 150 g; küchenfertig)
1 EL Öl
je 8 Streifen unbehandelte Zitronen- und Orangenschale
8 Thymianzweige
12 Kardamomkapseln

Für den Salat:
50 ml Gemüsebrühe
70 g Buttermilch
je 1-2 EL Apfelessig und Zitronensaft
1 TL scharfer Senf
5 EL mildes Olivenöl
Salz · Cayennepfeffer
Zucker
je 1-2 EL Sauerampfer-, Brunnenkresse-, Petersilien- und Basilikumblätter (geputzt und gewaschen)
300 g gemischter Blattsalat (Rucola, Feldsalat, Lollo rosso, Lollo bianco, Romanaherzen)

Für 4 Personen · siehe Foto rechts

1 Für das Hendl den Knoblauch schälen und in dünne Scheiben schneiden. Die Chilischote halbieren, entkernen, waschen und klein schneiden. Den Weißwein mit dem Olivenöl, dem Senf, dem Knoblauch und der Chilischote in einen hohen Rührbecher geben und mit dem Stabmixer pürieren. Die Poulardenbrüste waschen, trockentupfen und 24 Stunden in der Gewürzmarinade einlegen.

2 Den Backofen auf 160 °C vorheizen. Die Poulardenbrüste aus der Marinade nehmen und abtropfen lassen. In einer Pfanne im Öl bei milder Hitze auf beiden Seiten kurz anbraten. Jede Poulardenbrust auf 1 Bogen Pergamentpapier setzen, mit je 2 Streifen Zitronen- und Orangenschale, 2 Thymianzweigen und 3 Kardamomkapseln in dem Papier einschlagen und die Enden fest zusammendrücken. Die Päckchen im vorgeheizten Ofen auf der mittleren Schiene etwa 25 Minuten garen.

3 Für den Salat die Gemüsebrühe, die Buttermilch, den Apfelessig, den Zitronensaft und den Senf in einen hohen Rührbecher geben und mit dem Stabmixer pürieren. Das Olivenöl unterrühren und mit Salz, Cayennepfeffer und Zucker würzen. Zuletzt die Kräuterblätter dazugeben und alles erneut pürieren, das Dressing eventuell noch einmal abschmecken. Die Blattsalate putzen,waschen, trockenschütteln und in mundgerechte Stücke zupfen. Die Salatblätter kurz vor dem Servieren mit dem Dressing marinieren.

4 Die Pergamentpäckchen aus dem Ofen nehmen, auf eine vorgewärmte Platte setzen und am Tisch öffnen. Den Salat dazu servieren.

MEIN TIPP

Jede Poulardenbrust hat ein Innenfilet, das vor dem Garen häufig herausgenommen wird. Wer möchte, kann das Filet separat in einer Pfanne in etwas Öl 2 bis 3 Minuten braten und zu dem Gewürzhendl servieren.

Hähnchenkeulen in Tomatensauce

Für 4 Personen

1 Die Hähnchenkeulen von der Haut befreien, entbeinen und in 3 Teile schneiden. In einem Schmortopf im Öl bei milder Hitze von allen Seiten fast farblos anbraten und herausnehmen. Den Bratensatz mit dem Weißwein ablöschen, das Tomatenmark unterrühren und sämig einköcheln lassen. Die Geflügelbrühe angießen, das Lorbeerblatt und das Fleisch einlegen. Den Deckel so auflegen, dass noch ein Spalt offen bleibt, und das Fleisch etwa 30 Minuten saftig durchgaren.

2 Den Stielansatz der Tomaten entfernen, die Tomaten kreuzweise einritzen und 20 Sekunden in kochendes Wasser tauchen. Kalt abschrecken, häuten, vierteln, entkernen und in kleine Würfel schneiden. Die Champignons putzen und trocken abreiben.

3 Das Lorbeerblatt entfernen, die Tomaten, die Champignons und die Oliven zum Hähnchenfleisch in die Sauce geben und 2 bis 3 Minuten mitdünsten. Mit Knoblauch, Salz, Pfeffer und je 1 Prise Oregano und Zucker würzen. Zuletzt die Petersilie unterrühren.

4 Hähnchenkeulen
(à ca. 250 g; küchenfertig)
1-2 EL Öl
80 ml Weißwein
1 EL Tomatenmark
300 ml Geflügelbrühe
1 Lorbeerblatt · 4 Tomaten
80 g kleine Champignons
60 g schwarze Oliven (entsteint)
1/2 Knoblauchzehe (gehackt)
Salz · Pfeffer aus der Mühle
getrockneter Oregano · Zucker
1 EL Petersilie (gehackt)

Pappardelle mit Gänseragout

Für das Ragout:
2 Zwiebeln
120 g Knollensellerie · 1 Möhre
6 Gänsekeulen (küchenfertig)
1–2 EL Olivenöl
1 TL Puderzucker
1 EL Tomatenmark
6 cl Vin Santo (ital. Dessertwein)
¼ l Rotwein
½ l Geflügelbrühe
je 1 EL Fenchel-, Piment- und schwarze Pfefferkörner
½ Zimtrinde
½ Vanilleschote
1 Lorbeerblatt
3 junge Knoblauchzehen (geschält)
je 1 Streifen unbehandelte Zitronen- und Orangenschale
Salz

Für die Pasta:
300 g Pappardelle
Salz · 1–2 EL Olivenöl

Zum Aufwärmen:
300 ml Gemüsebrühe
30 g Butter
3 Salbeiblätter
1 kleine Knoblauchzehe (in Scheiben)
Salz · Pfeffer aus der Mühle
frisch geriebene Muskatnuss

Für 4 Personen

1 Für das Ragout Zwiebeln, Knollensellerie und Möhre schälen, alles in ½ cm große Würfel schneiden.

2 Die Haut von den Gänsekeulen abziehen und die Keulen entbeinen. Das Fleisch in 1 bis 1½ cm große Würfel schneiden. In einem Schmortopf im Olivenöl bei mittlerer Hitze in 2 Portionen anbraten und wieder herausnehmen. Die Gemüsewürfel in den Schmortopf geben, mit dem Puderzucker bestäuben und glasig anschwitzen. Das Tomatenmark unterrühren und kurz mitschwitzen. Mit dem Vin Santo ablöschen, nach und nach je ein Drittel Rotwein dazugießen und jeweils sämig einköcheln lassen. Das Gänsefleisch wieder in den Topf geben und die Geflügelbrühe angießen. Den Deckel so auflegen, dass noch ein Spalt offen bleibt, und das Fleisch knapp unter dem Siedepunkt etwa 2½ Stunden weich schmoren.

3 Die Fenchel-, Piment- und Pfefferkörner mit dem Zimt und der Vanilleschote grob zerstoßen und in eine Gewürzmühle füllen. Nach 2 Stunden Garzeit das Lorbeerblatt, den Knoblauch und die Zitronen- und Orangenschale zum Ragout geben. Nach Ende der Garzeit wieder entfernen und das Gänseragout mit Salz und der Mischung aus der Gewürzmühle würzen.

4 Für die Pasta die Pappardelle nach Packungsanweisung in reichlich Salzwasser bissfest kochen, in ein Sieb abgießen und abtropfen lassen. Die Nudeln auf einem Tablett ausbreiten, kurz ausdampfen lassen und mit dem Olivenöl vermischen.

5 Zum Aufwärmen die Gemüsebrühe in einem Topf erhitzen. Die Butter unterrühren, den Salbei, den Knoblauch und die vorgekochten Pappardelle dazugeben. Sobald die Nudeln heiß sind, Salbei und Knoblauch wieder entfernen, mit Salz, Pfeffer und Muskatnuss würzen. Die Pappardelle abgießen, abtropfen lassen und auf vorgewärmte Pastateller verteilen, das Gänseragout darauf anrichten.

MEIN TIPP

Sie können die kross gebratene Haut der Gänsekeulen über das Ragout streuen. Dafür die Haut in Streifen schneiden, in 3 EL Öl bei sehr milder Hitze langsam ausbraten, auf Küchenpapier abtropfen lassen und mit Salz würzen.

Wildhasenkeule in Balsamicosauce mit gebratenen Steinpilzen

Für die Hasenkeule:

1 Zwiebel · 1 Möhre
120 g Knollensellerie
4 Wildhasenkeulen (küchenfertig)
1–2 EL Olivenöl
1–2 TL Puderzucker
1 EL Tomatenmark
300 ml Rotwein
½ l Geflügelbrühe
1 Lorbeerblatt
½ TL schwarze Pfefferkörner
5 Pimentkörner
5 Wacholderbeeren
1 Zacken Sternanis
1 Splitter Zimtrinde
je 1 Streifen unbehandelte Zitronen- und Orangenschale
1 Thymianzweig
1 Scheibe Ingwer
1 Knoblauchzehe (geschält und halbiert)
Salz · Pfeffer aus der Mühle
1 EL milder Balsamicoessig

Für die Pilze:

2 Schalotten
400 g Steinpilze
1 EL Butter
Salz · Pfeffer aus der Mühle
1 EL Petersilie (gehackt)

Für 4 Personen

1 Für die Hasenkeule Zwiebel, Möhre und Knollensellerie schälen, alles in etwa 2 cm große Stücke schneiden.

2 Die Hasenkeulen in einem großen, flachen Topf im Olivenöl bei milder Hitze von allen Seiten leicht anbraten und herausnehmen. Das Gemüse in den Topf geben, mit Puderzucker bestäuben und bei milder Hitze glasig anschwitzen. Das Tomatenmark unterrühren und kurz mitschwitzen. Nach und nach mit je einem Drittel Rotwein ablöschen und jeweils sämig einköcheln lassen. Die Keulen wieder in den Topf geben und so viel Geflügelbrühe angießen, dass die Keulen gut bedeckt sind. Den Deckel so aufsetzen, dass ein Spalt offen bleibt, und das Fleisch knapp unter dem Siedepunkt etwa 2 Stunden weich schmoren.

3 Etwa 20 Minuten vor Ende der Garzeit das Lorbeerblatt, die Pfeffer- und Pimentkörner, die Wacholderbeeren, den Sternanis und die Zimtrinde hinzufügen. Zuletzt die Zitronen- und Orangenschale, den Thymian, den Ingwer und den Knoblauch dazugeben, einige Minuten in der Sauce ziehen lassen und wieder entfernen.

4 Die Hasenkeulen herausnehmen und warm halten. Den Schmorsud mit dem Gemüse durch ein Sieb gießen, dabei das Gemüse gut ausdrücken. Die Sauce eventuell noch etwas einköcheln lassen, mit Salz, Pfeffer und Balsamicoessig abschmecken.

5 Für die Pilze die Schalotten schälen und in kleine Würfel schneiden. Die Steinpilze putzen, trocken abreiben und in Scheiben schneiden. Die Schalotten in einer Pfanne in der Butter bei milder Hitze glasig anschwitzen, die Steinpilze hinzufügen und einige Minuten mitbraten. Mit Salz und Pfeffer würzen und die Petersilie dazugeben. Die Hasenkeulen mit den Steinpilzen und der Sauce anrichten.

MEIN TIPP

Noch aromatischer schmecken die Hasenkeulen, wenn man sie vorher beizt. Dafür die Keulen in einer Schüssel oder einem Topf mit Rotwein und etwas Balsamicoessig bedecken und gut gekühlt 1 bis 2 Tage in der Beize ziehen lassen.

In Gewürzöl gebratener Kaninchen-rücken auf Artischockengemüse

Für das Kaninchen:

5 EL Olivenöl
8 Kaninchenrückenfilets (küchenfertig)
je 1 Streifen unbehandelte Zitronen- und Orangenschale
1 Knoblauchzehe (ungeschält)
1 Scheibe Ingwer · 1 Lorbeerblatt
1 Splitter Vanilleschote
1 Splitter Zimtrinde
je 1/2 TL Kardamom-, Piment- und Korianderkörner
2 Zacken Sternanis
1 Rosmarinzweig
Salz · Pfeffer aus der Mühle

Für das Gemüse:

1 TL Kardamomkörner
je 1 EL Piment- und Korianderkörner
80 g Pioppini-Pilze (oder geviertelte Egerlinge)
300 g Kartoffelscheiben (gekocht und abgekühlt)
2 EL Olivenöl
Salz · Pfeffer aus der Mühle
1 Zwiebel
120 g Cocktailtomaten
6 Artischocken
Saft von 1 Zitrone
1/8 l Gemüsebrühe
1 EL kalte Butter

Für 4 Personen

1 Für das Kaninchen das Olivenöl in einer Pfanne bei milder Hitze erhitzen und die Kaninchenrückenfilets einlegen. Die Zitronen- und Orangenschale, den Knoblauch, den Ingwer, das Lorbeerblatt, die Vanilleschote, den Zimt, die Kardamom-, Piment- und Korianderkörner, den Sternanis und den Rosmarin hinzufügen. Das Kaninchen von allen Seiten 4 bis 5 Minuten sanft braten, dabei immer wieder mit dem Gewürzöl übergießen. Herausnehmen und auf Küchenpapier abtropfen lassen, mit Salz und Pfeffer würzen.

2 Für das Gemüse die Kardamom-, Piment- und Korianderkörner in eine Gewürzmühle füllen. Die Pilze putzen und trocken abreiben. Die Kartoffelscheiben in einer Pfanne in 1 EL Olivenöl bei milder Hitze hell anbraten, die Pilze dazugeben, mit Salz und Pfeffer würzen. Die Zwiebel schälen und in 1 bis 1 1/2 cm große Blätter schneiden, die Cocktailtomaten waschen und halbieren. Von den Artischocken die Stiele und die holzigen äußeren Blätter abschneiden, mit einem Löffel das Heu entfernen. Die Artischockenböden sofort mit Zitronensaft beträufeln und in Scheiben oder Spalten schneiden.

3 Die Zwiebel in einer Pfanne im restlichen Olivenöl bei milder Hitze kurz anschwitzen, die Artischockenscheiben dazugeben und etwa 2 Minuten mitschwitzen. Mit Salz, Pfeffer und der Mischung aus der Gewürzmühle würzen. Die Tomaten dazugeben, die Gemüsebrühe angießen und kurz erhitzen, die kalte Butter unterrühren. Das Gemüse auf vorgewärmte Teller verteilen und die Kaninchenrücken darauf anrichten.

MEIN TIPP

Damit die Artischockenböden sich nicht braun verfärben, sollte man sie sofort mit Zitronensaft beträufeln (am besten zieht man dabei Einweghandschuhe an). Da Artischockenblätter im Rohzustand bitter sind, empfiehlt es sich, das Schneidebrett gründlich zu waschen, bevor man andere Produkte darauf verarbeitet.

Hirschragout mit Maronen und Schalotten

700 g Hirschfleisch (aus der Schulter oder der Keule; küchenfertig)
80 g Knollensellerie
1 kleine Möhre
300 g Schalotten
1–2 EL Öl
1 EL Puderzucker
1 EL Tomatenmark
80 ml Marsala (ital. Dessertwein)
120 ml Rotwein
ca. 1 l Geflügelbrühe
½ TL schwarze Pfefferkörner
5 Wacholderbeeren
1 Zacken Sternanis
½ TL Korianderkörner
1 Lorbeerblatt
150 g gegarte Maronen (vakuumiert)
1 Rosmarinzweig
je 1 Streifen unbehandelte Zitronen- und Orangenschale
Salz

Für 4 Personen

1 Das Hirschfleisch in 1 bis 2 cm große Würfel schneiden. Den Knollensellerie, die Möhre und die Schalotten schälen. Sellerie und Möhre in etwa 1 cm breite und 2 bis 3 cm lange Stücke schneiden, die Schalotten halbieren.

2 Das Fleisch in einem breiten Topf im Öl bei mittlerer Hitze von allen Seiten gut anbraten und herausnehmen. Den Puderzucker in dem Topf bei mittlerer Hitze hell karamellisieren und das Gemüse darin anschwitzen. Das Tomatenmark unterrühren und kurz mitschwitzen. Mit dem Marsala und dem Rotwein ablöschen und sämig einköcheln lassen. Das Fleisch wieder in den Topf geben und so viel Geflügelbrühe angießen, dass das Fleisch gerade bedeckt ist. Das Hirschfleisch bei milder Hitze zugedeckt knapp unter dem Siedepunkt 2 bis 2 ½ Stunden weich schmoren.

3 Etwa 20 Minuten vor Ende der Garzeit die Pfefferkörner mit den Wacholderbeeren, dem Sternanis und den Korianderkörnern in ein Gewürzsäckchen binden. Mit dem Lorbeerblatt und den Maronen zu dem Fleisch geben und das Ragout ohne Deckel fertig schmoren. Zuletzt den Rosmarin und die Zitronen- und Orangenschale dazugeben und einige Minuten in der Sauce ziehen lassen. Mit dem Lorbeerblatt und dem Gewürzsäckchen wieder herausnehmen. Das Hirschragout gegebenenfalls mit etwas Salz nachwürzen. Nach Belieben mit Polenta oder Pappardelle servieren.

MEIN TIPP

Wenn das Hirschragout eine süß-säuerliche Note bekommen soll, kann man es zuletzt mit reduziertem Balsamicoessig würzen. Dafür in einer kleinen Pfanne 1 bis 2 TL Puderzucker hell karamellisieren, mit 70 ml Balsamicoessig ablöschen und bei milder Hitze auf ein Drittel einköcheln lassen.

Wildschweinbraten in Rotwein-Schokoladen-Sauce

Für 4 Personen

3 Zwiebeln
1 Möhre
2 Stangen Staudensellerie
1,2 kg Wildschweinschulter (küchenfertig)
1–2 EL Öl
1 EL Tomatenmark
300 ml Chianti classico (ital. Rotwein)
3/4 l Geflügelbrühe
je 1 TL Wacholderbeeren, schwarze Pfeffer- und Fenchelkörner
1/2 TL Pimentkörner
1 Lorbeerblatt
2 EL getrocknete Champignons
1 Streifen unbehandelte Orangenschale
1 Scheibe Ingwer
1 Knoblauchzehe (geschält und halbiert)
1 Rosmarinzweig
1/2 TL zerbröckelte Zartbitterschokolade
Salz · Pfeffer aus der Mühle

1 Die Zwiebeln und die Möhre schälen, den Staudensellerie putzen und waschen. Alle Gemüsesorten in 1 bis 1 1/2 cm große Stücke schneiden.

2 Den Backofen auf 150 °C vorheizen. Die Wildschweinschulter in einem Bräter im Öl bei mittlerer Hitze von allen Seiten anbraten und herausnehmen. Das Gemüse im Bräter glasig anschwitzen, das Tomatenmark unterrühren und kurz mitschwitzen. Nach und nach mit je einem Drittel Rotwein ablöschen und jeweils sämig einköcheln lassen. Die Geflügelbrühe angießen und die Wildscheinschulter zurück in den Bräter geben. Das Fleisch im vorgeheizten Ofen auf der mittleren Schiene zugedeckt 2 bis 2 1/2 Stunden weich schmoren.

3 Nach 2 Stunden die Wacholderbeeren, die Pfeffer-, Fenchel- und Pimentkörner, das Lorbeerblatt und die Champignons dazugeben.

4 Am Ende der Garzeit den Braten herausnehmen, die Sauce durch ein Sieb gießen, dabei das Gemüse leicht ausdrücken. Die Sauce etwas einköcheln lassen, Orangenschale, Ingwer, Knoblauch und Rosmarin dazugeben, einige Minuten in der Sauce ziehen lassen und wieder entfernen. Die Schokolade unterrühren und schmelzen lassen, die Sauce mit Salz und Pfeffer abschmecken. Den Braten in Scheiben schneiden und mit der Sauce auf vorgewärmten Tellern anrichten.

MEIN TIPP

Zu dem Wildschweinbraten passt ein Apfel-Kartoffel-Püree. Dafür 1 kg mehlig kochende Kartoffeln in Salzwasser mit etwas ganzem Kümmel weich kochen, schälen und noch warm durch die Kartoffelpresse drücken. Mit 1/2 l heißer Milch in einem Topf verrühren. 2 EL kalte Butter, 1 EL Apfelmus und 1 in möglichst kleine Würfel geschnittenen Apfel unterrühren. Das Püree mit Salz und Muskatnuss würzen.

Geschmorte Rehschulter mit Grappabirne

Für die Rehschulter:

1 Zwiebel
1 kleine Möhre
120 g Knollensellerie
1 Rehschäuferl (küchenfertig)
1-2 Olivenöl
1 EL Tomatenmark
300 ml Rotwein
300 ml kräftige Geflügelbrühe
1 Lorbeerblatt
5 Wacholderbeeren
je 1 TL Piment- und schwarze Pfefferkörner
40 g kalte Butter
1 Thymianzweig
je 1 Streifen unbehandelte Zitronen- und Orangenschale
1 Knoblauchzehe (geschält)
1 EL getrocknete Champignons
Salz

Für die Grappabirne:

1 reife, feste Birne
1-2 EL Butter
1 Lorbeerblatt
je 1 EL Piment- und schwarze Pfefferkörner
½ Vanilleschote
1 cl Grappa (ital. Tresterbrand)
Saft von ½ Orange

Für 4 Personen

1 Für die Rehschulter Zwiebel, Möhre und Knollensellerie schälen und in etwa 1 cm große Würfel schneiden. Vom Rehschäuferl den Knochen entfernen und das Fleisch mit Küchengarn in Form binden.

2 Das Fleisch in einem Schmortopf im Olivenöl bei mittlerer Hitze von allen Seiten anbraten und herausnehmen. Die Gemüsewürfel im Schmortopf glasig anschwitzen, das Tomatenmark unterrühren und kurz mitschwitzen. Nach und nach mit je einem Drittel Rotwein ablöschen und jeweils sämig einköcheln lassen. Die Geflügelbrühe angießen und den Rehbraten hineinlegen. Den Deckel so aufsetzen, dass ein Spalt offen bleibt, und das Fleisch etwa 2 ½ Stunden mehr ziehen als köcheln lassen, dabei mehrmals wenden. Etwa 20 Minuten vor Ende der Garzeit das Lorbeerblatt, die Wacholderbeeren, die Piment- und die Pfefferkörner dazugeben.

3 Den Braten aus der Sauce nehmen und warm halten. Die Sauce durch ein Sieb gießen, dabei das Gemüse gut ausdrücken. Die Butter unter die Sauce rühren, Thymian, Zitronen- und Orangenschale, Knoblauch und Champignons dazugeben, einige Minuten in der Sauce ziehen lassen und wieder entfernen. Die Sauce mit Salz würzen. Den Braten in Scheiben schneiden und wieder in die Sauce legen.

4 Für die Grappabirne die Birne waschen, vierteln, entkernen, in Spalten schneiden und in einer Pfanne in wenig Butter anbraten. Die Gewürze hinzufügen, mit Grappa und Orangensaft ablöschen und einköcheln lassen. Die restliche Butter dazugeben und schmelzen lassen. Den Saft abgießen, auffangen und die Schmorsauce damit abschmecken. Die Fleischscheiben mit der Sauce anrichten, mit den Birnenspalten garnieren.

MEIN TIPP

Dazu passt gebratene Polenta. Dafür je ¼ l Milch und Gemüsebrühe aufkochen, 250 g Polentagrieß unterrühren und köcheln lassen, bis ein fester Brei entsteht. Vom Herd nehmen, 50 g frisch geriebenen Parmesan und 2 Eier unterrühren, mit Salz, Pfeffer und Muskatnuss würzen. Die Polenta etwa 1 cm dick auf ein geöltes Tablett streichen und abkühlen lassen. In Rauten schneiden und in Olivenöl goldbraun braten.

DOLCI

Gesulzte Melone mit Prosecco-Zabaione

Für die Rosenblätter:

1 schöne aufgeblühte hellrote Rose
1-2 Eiweiß
50 g Zucker (nicht zu fein)

Für die Melone:

¼ mittelgroße Wassermelone (ca. 1 ¼ kg)
Saft von 1 Zitrone
40 g Puderzucker
100 ml Prosecco
5 Blatt Gelatine
1 TL Campari

Für die Zabaione:

130 ml Prosecco
3 große Eigelb
40 g Zucker
Saft von ½ Zitrone
80 g Sahne

Für 4 Personen

1 Für die Rosenblätter den Backofen auf 50 °C vorheizen. Von der Rose die einzelnen Blütenblätter abzupfen. Das Eiweiß mit 1 TL Wasser verquirlen. Die Blütenblätter auf beiden Seiten dünn mit dem verquirlten Eiweiß bestreichen und rundum dick mit dem Zucker bestreuen. Die Blätter vorsichtig auf ein mit Backpapier ausgelegtes Backblech legen und im vorgeheizten Ofen auf der mittleren Schiene 3 bis 4 Stunden trocknen lassen.

2 Für die Melone das Fruchtfleisch entkernen und mit einem Kugelausstecher 40 Kugeln ausstechen. Das restliche Fruchtfleisch mit dem Stabmixer pürieren und durch ein Sieb streichen, dabei den Saft auffangen. 300 ml Melonensaft mit dem Zitronensaft, dem Puderzucker und dem Prosecco verrühren. Die Gelatine in kaltem Wasser einweichen. Den Campari in einem kleinen Topf bei milder Hitze erwärmen, die ausgedrückte Gelatine darin auflösen und unter die Melonen-Prosecco-Mischung rühren. Die Melonenkugeln auf Gläser verteilen und die Campari-Prosecco-Mischung darüber geben. Mindestens 2 Stunden kühl stellen.

3 Für die Zabaione den Prosecco mit den Eigelben, dem Zucker und dem Zitronensaft in einem Schlagkessel im heißen Wasserbad knapp unter dem Siedepunkt aufschlagen, bis die Masse schaumig und feinporig ist. Die Masse im Wasserbad auf Eiswasser kalt schlagen. Die Sahne halbsteif schlagen. Sobald die Zabaione abgekühlt ist, die Sahne unterheben.

4 Die Prosecco-Zabaione sofort über die gesulzte Wassermelone in den Gläsern verteilen, mit den kandierten Rosenblättern und nach Belieben mit Minzeblättchen garnieren.

MEIN TIPP

Sie können die Prosecco-Zabaione einige Stunden im Voraus zubereiten, wenn Sie ½ Blatt eingeweichte Gelatine in der warmen Eigelbmasse auflösen, anschließend mit kalt schlagen und unter die Sahne heben.

Geeiste Schokoladentrüffel auf Orangenscheiben

Für die Trüffel:

400 g Sahne
125 g weiße Schokolade
3 Eigelb
1 Ei
60 g Zucker
2 cl weißer Rum
100 g dunkle Schokoladenspäne

Für die Orangenscheiben:

Saft von 3 Orangen
2 EL Zucker
2 EL Grenadinesirup
1 unbehandelte kernlose Orange

Zum Anrichten:

Orangensaft zum Beträufeln

Für 4 Personen

1 Für die Trüffel die Sahne halbsteif schlagen. Die weiße Schokolade grob hacken und im heißen Wasserbad unter Rühren schmelzen.

2 Die Eigelbe, das Ei und den Zucker in einem Schlagkessel verrühren und im heißen Wasserbad hellschaumig aufschlagen. Die Eiermasse mit dem Handrührgerät auf etwa 40 °C kalt rühren, die geschmolzene Schokolade und den Rum zügig unterrühren und die Sahne unterheben. Die Trüffelmasse in einen tiefen Behälter füllen und im Tiefkühlfach mehrere Stunden gefrieren lassen.

3 Die Trüffelmasse aus dem Tiefkühlfach nehmen und mit dem Eisportionierer 8 bis 12 Kugeln ausstechen. Die Schokoladenspäne auf einen Teller geben und die Trüffel mit zwei kleinen Gabeln vorsichtig darin wälzen. Die Trüffel auf ein mit Backpapier ausgelegtes Tablett setzen und bis zum Servieren in das Tiefkühlfach stellen.

4 Für die Orangenscheiben den Orangensaft, den Zucker und den Grenadinesirup in einer breiten Pfanne bei milder Hitze aufkochen. Die Orange waschen, trockenreiben und in dünne Scheiben schneiden, dabei den Stielansatz entfernen. Die Orangenscheiben nebeneinander in die Pfanne legen, Saft und Sirup bei milder Hitze auf ein Drittel einköcheln lassen, bis die Orangenscheiben weich sind.

5 Zum Anrichten die Orangenscheiben auf Teller verteilen, mit etwas Orangensaft beträufeln und 2 bis 3 Schokoladentrüffel darauf setzen.

MEIN TIPP

Statt in Schokoladenspänen kann man die Schokoladentrüffel auch einmal in gerösteten Mandelblättchen oder Kokosraspeln wälzen. Wenn man sich für eine Mandelhülle entscheidet, kann man den weißen Rum durch Amaretto ersetzen. Dann bekommen die Trüffel eine andere Note.

Marzipan-Mohn-Gnocchi mit marinierten Erdbeeren

Für 4 Personen

1 Für die Gnocchi die Kartoffeln in Salzwasser kochen, abgießen und schälen. Noch warm durch die Kartoffelpresse drücken und auskühlen lassen.

2 Die Kartoffelmasse mit Mehl, Mohn, Mandeln und 1 Prise Salz auf eine Arbeitsfläche geben. Das Eigelb mit dem Marzipan glatt rühren und zu den Kartoffeln geben. Alle Zutaten mit den Händen zu einem glatten, weichen Teig verarbeiten und zu einer 1 cm dicken Rolle formen, dabei leicht mit Mehl bestäuben. Von der Teigrolle mit einem Messerrücken 1 cm breite Gnocchi abstechen und bis zur Weiterverwendung auf bemehlte Küchentücher legen.

3 Die Erdbeeren putzen und waschen. Ein Drittel der Beeren mit dem Zucker und dem Zitronensaft mit dem Stabmixer pürieren und durch ein feines Sieb streichen. Die restlichen Erdbeeren je nach Größe vierteln oder sechsteln.

4 Reichlich Wasser zum Kochen bringen, Zucker, Salz, Zimt, Zitronen- und Orangenschale hineingeben. Die Gnocchi im siedenden Wasser garen, bis sie nach oben steigen. Die Butter bei milder Hitze zerlassen und die Amarettibrösel unterrühren. Die Gnocchi mit einer Schaumkelle aus dem Wasser heben, abtropfen lassen und in der Bröselbutter wenden.

5 Die Erdbeeren mit der Erdbeersauce marinieren und mit den Marzipan-Mohn-Gnocchi auf vorgewärmten Tellern anrichten.

Für die Gnocchi:

250 g mehlig kochende Kartoffeln
Salz · 100 g doppelgriffiges Mehl
50 g gemahlener Mohn
50 g geriebene Mandeln
1 Eigelb
50 g Marzipanrohmasse
Mehl zum Bestäuben

Für die Erdbeeren:

250 g Erdbeeren
2 EL Zucker
einige Spritzer Zitronensaft

Zum Fertigstellen:

Zucker · Salz
1/2 Zimtrinde
je 1 Streifen unbehandelte Zitronen- und Orangenschale
4 EL Butter
2 EL zerbröselte Amaretti (ital. Mandelkekse)

MEIN TIPP

Wer die Gnocchi bereits im Voraus zubereiten möchte, verteilt die gegarten und gut abgetropften Gnocchi am besten auf einem geölten Tablett, wendet sie in wenig Öl und bewahrt sie mit Frischhaltefolie abgedeckt kühl auf. Die Gnocchi dann bei Bedarf in etwas mit Zimt und Vanille aromatisiertem Orangensaft erhitzen.

Espressocreme mit Kaffeesahne

Für die Kaffeesahne:

1 EL Kaffeebohnen
4 Kardamomkapseln
1 TL Zucker
70 g Sahne
ca. ½ TL Rum

Für die Espressocreme:

2 Blatt Gelatine
3 Eigelb
70 g Zucker
70 ml starker Kaffee (2 Espressi)
1 ½ EL Rum
230 g Sahne

Zum Anrichten:

gemahlener Kardamom

Für 4 Personen

1 Für die Kaffeesahne die Kaffeebohnen in einer Pfanne ohne Fett etwa 2 Minuten anrösten. Die Bohnen mit dem Kardamom, dem Zucker und der Sahne verrühren. Die Kaffeesahne zugedeckt am besten über Nacht (aber mindestens 3 Stunden) im Kühlschrank ziehen lassen. Die Kaffeesahne durch ein Sieb gießen und halbsteif schlagen, mit dem Rum abschmecken.

2 Für die Espressocreme die Gelatine in kaltem Wasser einweichen. Die Eigelbe mit dem Zucker und dem Kaffee in einem Schlagkessel im heißen Wasserbad knapp unter dem Siedepunkt aufschlagen, bis die Masse feinporig und schaumig ist.

3 Die Gelatine gut ausdrücken und in der heißen Espressocreme unter Rühren auflösen. Die Creme im Wasserbad auf Eiswasser oder in der Küchenmaschine kalt schlagen. Den Rum unterrühren, die Sahne halbsteif schlagen und unter die Espressocreme heben.

4 Zum Anrichten die Espressocreme in Tassen oder Gläser füllen und mindestens 1 Stunde kühl stellen. Vor dem Servieren jeweils 2 EL Kaffeesahne auf die Creme setzen und mit Kardamom bestreuen.

MEIN TIPP

Die Kaffeebohnen werden in der Pfanne geröstet, damit die Sahne ein kräftiges Kaffeearoma bekommt. Wichtig ist, dass die Bohnen bei milder Hitze geröstet werden, bis sie angenehm duften, und dann noch warm in die Sahne gegeben werden.

Ein Bauernschnaps wird adelig

Vom Rachenputzer zur Edel-Spirituose: Der Grappa hat in den letzten Jahrzehnten einen kometenhaften Aufstieg erlebt. Mittlerweile gibt es den Tresterbrand in vielen Geschmacksnoten und allen Preisklassen. Alfons Schuhbeck hat das Wichtigste zum Thema Grappa herausdestilliert.

In Italien ist es nie weit bis zur Küste – und nie weit zum Wein, sagt ein Sprichwort. Und der Grappa ist auch ganz in der Nähe, sage ich. Als ehemaliges Nebenprodukt des Weinkelterns genießt der Tresterschnaps (nicht nur) bei uns schon fast Kultstatus. Wie beliebt der Grappa ist, beweist die Statistik: Jede tausendste Flasche Schnaps, die auf der Welt geöffnet wird, enthält das italienische Edel-Destillat. In seiner Heimat selbst wird der Grappa eher »nüchtern« betrachtet: Hier genießt man ihn vor allem als Beigabe zum Espresso, als Caffè corretto.

Der Grappa ist ursprünglich ein derber »Bauernschnaps«, der auf eine beinahe 1000-jährige Geschichte zurückblicken kann. Im Mittelalter überließen die adeligen Weinstockbesitzer die Traubenrückstände großmütig den armen Leuten, die daraus Schnaps brannten. Heimlich, versteht sich. So diente der Grappa lange Zeit als Seelentröster, wenn es draußen kalt und garstig war.

Erst sehr viel später wurde der Grappa dann auch bei den oberen Zehntausend hoffähig und seitdem hat das Trester-Wässerchen, das mindestens 37,5 Prozent Alkohol enthält, eine erstaunliche Wandlung durchgemacht. In feineren Varianten wird er von der Moscato- oder Traminertraube gemacht und es gibt ihn mit den unterschiedlichsten Kräutereinlagen. Diese aromatisierten Grappasorten erinnern übrigens daran, dass der Schnaps einst geradezu als Medizin angesehen wurde.

Das Höchste für Kenner aber sind Grappasorten, die im Holzfass reifen durften. Das ist allerdings eine Wissenschaft für sich. In den meisten Fällen reift der Grappa in Eichenfässern aus Slowenien. In Mode sind neuerdings aber auch Hölzer aus dem französischen Limousin – und die Avantgarde der Grappabrenner füllt den Tresterschnaps für ein paar Monate in Birnbaum-, Apfelbaum-, Maulbeer- oder Wacholderfässer. Angeblich nimmt der »ruppige Bursche« dann die eleganten Aromen der Hölzer an.

Eines haben alle Sorten gemeinsam: Grappa ist wie Champagner ein geschützter Begriff. Nur Tresterschnaps aus Italien darf sich so nennen, das hat sogar die Europäische Union akzeptiert. Ob man ihn mag oder nicht, es gibt ein Qualitätsmerkmal, das einfach zu »durchschauen« ist: Grappa muss immer klar wie Wasser sein – ist er nur ein wenig getrübt, dann Finger weg! Anders als etwa beim Käse ist das Alter beim Grappa kein Qualitätsgarant: Nur weil »Vecchia« auf dem Etikett steht, muss der Flascheninhalt nicht herausragend sein. Ist der Grappa nicht von Anfang an gut, kann daran auch eine lange Lagerung nichts ändern. Grappe sind »Frühentwickler«, bereits nach einem halben Jahr haben sie ihren typischen Charakter.

Kochen kann man mit Grappa natürlich auch. So kommt der Tresterschnaps immer wieder gern ins Spiel, wenn Saucen oder Cremes abgeschmeckt werden sollen. Man verwendet ihn aber auch für Torten und Marmeladen und selbstverständlich zum Flambieren. In Ligurien kennt man sogar Fischrezepte mit Grappa. Dort werden die Fische mit Zitronensaft, Kräutern und Grappa mariniert – einfach wunderbar!

Apfelcreme mit karamellisierten Strudelteigblättern

Für die Creme:

25 g Zucker
½ TL Vanillezucker
Zimtpulver
2 Äpfel · 1 EL Butter
¼ Vanilleschote
2 Zacken Sternanis
5 Kardamomkapseln
je 1 Streifen unbehandelte Zitronen- und Orangenschale
1 cl Orangenlikör (z. B. Grand Marnier)
80 ml Apfelsaft
30 g Marzipanrohmasse
200 g Sahne · 25 g Puderzucker
1 EL Mandelblättchen (geröstet)
½–1 EL Rumrosinen

Für die Strudelblätter:

1–2 Strudelteigblätter (Fertigprodukt; aus dem Kühlregal)
Butter für das Blech und zum Bestreichen
Puderzucker zum Bestäuben

Für die Birnen:

2 kleine Birnen
1–2 EL Butter
3–4 EL Birnensaft
2 EL Preiselbeermarmelade

Zum Anrichten:

Puderzucker zum Bestäuben

Für 4 Personen

1 Für die Creme den Zucker mit dem Vanillezucker und 1 Prise Zimt mischen. Die Äpfel schälen, vierteln, entkernen und in 1 cm breite Spalten schneiden. Die Apfelspalten in einem flachen Topf in der Butter mit dem Zimtzucker bei mittlerer Hitze anschwitzen. Vanilleschote, Sternanis, Kardamom sowie Zitronen- und Orangenschale dazugeben. Mit dem Orangenlikör und dem Apfelsaft ablöschen und die Apfelspalten zugedeckt etwa 20 Minuten ziehen lassen, bis sie weich sind. Anschließend die Gewürze entfernen, die Apfelspalten herausnehmen und abkühlen lassen, 1 EL Kochfond abnehmen und beiseite stellen.

2 Die Apfelspalten mit dem Fond und dem Marzipan mit dem Stabmixer fein pürieren. Die Sahne mit dem Puderzucker steif schlagen und mit den Mandelblättchen und den Rumrosinen unter die Apfelcreme heben.

3 Für die Strudelblätter den Backofengrill einschalten. Den Teig auf der sauberen Arbeitsfläche ausbreiten. Mit einem Ausstecher 12 Kreise (von 7 bis 8 cm Durchmesser) ausstechen und auf ein gebuttertes Backblech legen. In einem kleinen Topf 2 EL Butter bei milder Hitze zerlassen und die Strudelteigkreise mit einem Pinsel dünn damit bestreichen. Die Teigkreise mit etwas Puderzucker bestäuben und unter dem Grill auf der unteren Schiene 1 bis 2 Minuten knusprig braun backen. Dabei ständig kontrollieren, dass der Teig nicht zu dunkel wird.

4 Für die Preiselbeerbirnen die Birnen waschen, vierteln, entkernen und in 1 cm breite Spalten schneiden. Die Birnenspalten in einer Pfanne in der Butter bei mittlerer Hitze 1 bis 2 Minuten anbraten und mit dem Birnensaft ablöschen. Die Preiselbeermarmelade dazugeben und die Pfanne schwenken.

5 Zum Anrichten jeweils 3 Strudelblätter mit je etwas Apfelcreme zu Türmchen schichten und mit den Preiselbeerbirnen auf Tellern anrichten. Vor dem Servieren leicht mit Puderzucker bestäuben.

Zuppa inglese

Für die Amaretto-Mischung:

70 g Zucker
200 ml Orangensaft
50 ml Amaretto
(ital. Mandellikör)

Für die Cremes:

3/4 l Milch
1 Packung Vanillepuddingpulver
2 Eigelb
Salz · 3 EL Zucker
Mark von 1/2 Vanilleschote
80 g Zartbitterschokolade
250 g Ricotta
2 Eiweiß
60 g Zucker
100 g Sahne

Zum Fertigstellen:

300 g Löffelbiskuits
60 g kandierte Früchte
1 EL Orangenlikör
(z. B. Grand Marnier)
30 g dunkle Schokoladenspäne

Für 6–8 Personen

1 Für die Amaretto-Mischung den Zucker mit 100 ml Wasser aufkochen, den Orangensaft und den Amaretto unterrühren. Die Amaretto-Mischung abkühlen lassen.

2 Für die Cremes drei Viertel der Milch in einem Topf bei milder Hitze aufkochen. Die restliche Milch mit dem Puddingpulver, den Eigelben, 1 Prise Salz, dem Zucker und dem Vanillemark in einer Schüssel verrühren. Die kochende Milch unter Rühren dazugießen. Die Vanillecreme wieder in den Topf geben und unter ständigem Rühren erneut aufkochen. Die Creme vom Herd nehmen und halbieren.

3 Die Schokolade klein hacken und in einer Hälfte der noch heißen Creme unter Rühren auflösen. Den Ricotta unterrühren. Die Eiweiße mit dem Zucker steif schlagen. Die Sahne steif schlagen und den Eischnee unterheben, eine Hälfte unter die Schokoladencreme, die andere unter die Vanillecreme ziehen.

4 Zum Fertigstellen die Hälfte der Löffelbiskuits kurz in die Amaretto-Mischung tauchen und eine Form (etwa 1 1/2 l Inhalt) damit auslegen. Die Schokoladencreme auf die Löffelbiskuits geben und glatt streichen. Die restlichen Löffelbiskuits kurz in die Amaretto-Mischung tauchen, auf der Schokoladencreme verteilen und mit der Hälfte der Vanillecreme bestreichen.

5 Die kandierten Früchte in einer kleinen Schüssel mit dem Orangenlikör mischen, klein hacken und auf der Creme verteilen. Die restliche Vanillecreme darauf geben und glatt streichen. Die Zuppa inglese mindestens 4 Stunden in den Kühlschrank stellen. Kurz vor dem Servieren mit den Schokoladenspänen bestreuen.

MEIN TIPP

Dieses Dessert eignet sich wunderbar für ein Büfett oder eine Gartenparty. Man kann die Zuppa inglese auch portionsweise in Tassen, Gläser oder Schüsselchen füllen.

Baba mit Rum und Orange

Für 6 Stück

Für die Babas:

15 g Hefe
50 ml lauwarme Milch
175 g Mehl
2 große Eier
1 EL Zucker
Mark von ½ Vanilleschote
abgeriebene Schale von ½ unbehandelten Zitrone
70 g weiche Butter
Butter und Mehl für die Formen

Für die Rum-Orangen-Mischung:

100 g Zucker
1 Zimtrinde
5 Kardamomkapseln
Mark von ½ Vanilleschote
1 Msp. abgeriebene unbehandelte Orangenschale
200 ml Orangensaft
100 ml Weißwein
40 ml Rum

1 Für die Babas die Hefe in der Milch auflösen und mit 50 g Mehl zu einem zähen Teig verrühren. Den Teig an einem warmen Ort zugedeckt etwa 15 Minuten gehen lassen, bis sich sein Volumen verdoppelt hat. Die Eier mit dem Zucker, dem Vanillemark und der Zitronenschale schaumig schlagen.

2 Den Vorteig mit dem restlichen Mehl und der Eiermasse mit den Knethaken des Handrührgerätes oder in der Küchenmaschine verkneten, dabei nach und nach die Butter dazugeben. Den Teig etwa 5 Minuten glatt kneten und an einem warmen Ort zugedeckt etwa 30 Minuten gehen lassen, bis sich sein Volumen verdoppelt hat.

3 Den Backofen auf 190 °C vorheizen. 6 Dariolförmchen oder Portionsauflaufförmchen mit Butter einfetten und mit Mehl bestäuben. Den Teig kurz durchkneten und die Formen zur Hälfte damit füllen. An einem warmen Ort zugedeckt etwa 15 Minuten gehen lassen, bis der Teig den Formenrand erreicht hat. Die Babas im vorgeheizten Ofen auf der mittleren Schiene 20 bis 25 Minuten backen.

4 Für die Rum-Orangen-Mischung den Zucker mit dem Zimt, dem Kardamom, dem Vanillemark, der Orangenschale und dem -saft sowie dem Weißwein aufkochen. In ein Sieb abgießen, die Wein-Orangen-Mischung auffangen und den Rum hinzufügen. Die gebackenen Babas aus dem Ofen nehmen, sofort stürzen und mit der warmen Rum-Orangen-Mischung tränken.

MEIN TIPP

Wer keine passenden Dariolförmchen oder Auflaufförmchen zur Hand hat, kann den Teig stattdessen in die Vertiefungen eines Muffinbackblechs füllen.

Limoncello-Tiramisu mit Himbeeren

Für die Creme:

4 Blatt Gelatine
2 Eigelb
60 g Puderzucker
250 g Mascarpone
100 g Sahne
2 Eiweiß

Zum Fertigstellen:

40 g Zucker
100 ml Limoncello (ital. Zitronenlikör)
1 runder Biskuitboden (Fertigprodukt; ca. 20 cm Durchmesser)
500 g Himbeeren
200 g Löffelbiskuits

Für 4 Personen

1 Für die Creme die Gelatine in kaltem Wasser einweichen. Die Eigelbe mit der Hälfte des Puderzuckers in einem Schlagkessel im heißen Wasserbad knapp unter dem Siedepunkt hellschaumig aufschlagen. Zuerst die ausgedrückte Gelatine, dann den Mascarpone unter die warme Eigelbmasse rühren.

2 Die Sahne halbsteif schlagen. Die Eiweiße mit dem restlichen Puderzucker zu einem festen Eischnee schlagen. Zunächst die Sahne, dann den Eischnee unter die Mascarponecreme ziehen.

3 Zum Fertigstellen den Zucker mit 100 ml Wasser in einem Topf aufkochen und abkühlen lassen. Das Zuckerwasser mit dem Limoncello verrühren. Eine Springform (etwa 24 cm Durchmesser) mit dem Biskuitboden auslegen. Die Löffelbiskuits quer halbieren und den Rand zwischen Biskuitboden und Tortenring damit umstellen. Den Biskuitboden mit der Limoncello-Zucker-Mischung beträufeln.

4 Die Himbeeren verlesen, waschen und trockentupfen. Ein Drittel der Mascarponecreme auf den Biskuit geben, glatt streichen und mit der Hälfte der Himbeeren belegen. Das nächste Drittel der Creme darauf verteilen, die restlichen Löffelbiskuits in die Limoncello-Zucker-Mischung tauchen und nebeneinander auf die Creme legen. Die restliche Creme auf die Biskuits geben, glatt streichen und mit den übrigen Himbeeren belegen.

5 Das Tiramisu mehrere Stunden im Kühlschrank ziehen lassen. Den Tortenring abnehmen und die Tiramisu-Torte in Stücke schneiden.

MEIN TIPP

Wenn Sie das Tiramisu in eine Auflaufform schichten, können Sie die Creme ohne Gelatine zubereiten und den Biskuitboden durch Löffelbiskuits ersetzen.

REGISTER

Bildnachweis

Umschlagfotos:
Vorderseite: Alexander Haselhoff: unten Mitte; Andi Pirchmoser: unten links und rechts; Thomas Meissner: unten (2. von links, 2. von rechts); StockFood/Susie Eising: Mitte
Rückseite: Christian R. Schulz: oben links und rechts; Andrea Kramp-Gölling und Bernd Gölling: unten

Rezeptfotos:
Christian R. Schulz: 11, 13, 15, 25, 33, 39, 47, 53, 63, 67, 79, 91, 93, 95, 103, 107, 109, 113, 117, 121, 129, 133
Andrea Kramp-Gölling und Bernd Gölling: 19, 21, 27, 29, 45, 57, 61, 69, 73, 75, 83, 85, 99, 105, 111, 125

Kapitelaufmacher: Andrea Kramp-Gölling und Bernd Gölling

Reportagefotos: Alexander Haselhoff: 51 unten (2. von links, rechts), 87 (oben rechts, unten links und rechts); Andi Pirchmoser: 7, 22, 23 unten (2. von links, 2. von rechts), 50, 51 unten (links, 2. von rechts), 86, 126, 127; StockFood/Frieder Blickle: 87 (2. von links); StockFood/FoodPhotographyEising: 23 unten rechts; StockFood/Gibson & Smith Group Limited: 23 unten links; StockFood/Nicolas Leser: 23 oben rechts; StockFood/Martina Meuth: 87 unten (2. von rechts); StockFood/Amos Schliack: 51 oben

Die Rezepte der Fernsehfolgen im Buch

1. Folge
Muscheln in Pergamentpapier, Seite 78
Im Ganzen gegarte Lotte mit Fenchel-Sellerie-Gemüse, Seite 72
Carpaccio von Schwert- und Thunfisch, Seite 13
Eintopf von Fischen und Meeresfrüchten, Seite 41

2. Folge
Peperonisuppe mit Graupen und Tomaten-Aprikosen-Pesto, Seite 38
Variationen von Tomaten und Mozzarella, Seite 10
Gelierte Tomatensuppe mit Mozzarella, Seite 12
Geschmorte Kalbsschulter in Barolo, Seite 94

3. Folge
Rote-Bete-Terrine mit Thunfisch, Seite 24
Schweinekarree mit würziger Kruste, Seite 82
Limoncello-Tiramisu mit Himbeeren, Seite 132

4. Folge
Dreierlei Brotaufstriche, Seite 14
Tomatentatar, Seite 16
Schweine- und Rinderfilet mit Mangosalsa, Seite 26
Safran-Vanille-Risotto mit Knoblauch, Seite 59
Nudelrisotto mit Fontinakäse, Seite 60

5. Folge
Garnelen-Tintenfisch-Salat, Seite 17
Carpaccio vom Culatello mit Fenchel, Feigen und Kastanienhonig, Seite 20
Gefülltes Schnitzel im Parmesanmantel, Seite 84

6. Folge
In Gewürzöl gebratener Kaninchenrücken auf Artischockengemüse, Seite 112
Perlhuhn im Römertopf mit schwarzem Trüffel, Seite 104
Gesulzte Melone mit Prosecco-Zabaione, Seite 120

7. Folge
Wolfsbarsch auf Kopfsalat-Erbsen-Sauce mit gefüllten Peperoni, Seite 66
Geeiste Gurken-Avocado-Suppe, Seite 32
Wildhasenkeule in Balsamicosauce mit gebratenen Steinpilzen, Seite 110

8. Folge
Gefüllte Zucchiniblüten auf Pilzen, Seite 28
Buchweizenravioli mit Frischkäsefüllung auf Radicchio-Gemüse, Seite 44
Kalbskotelett mit Mangold, Spargel und gebratenen Pfirsichspalten, Seite 90

9. Folge
Gewürzhendl in Pergamentpapier, Seite 106
Kalbsfilet im Schinken-Spinat-Mantel auf Chicoréegemüse, Seite 92
Lammkarree mit Fenchel-Safran-Gemüse, Seite 98

10. Folge
Ricotta-Spinat-Knödel mit Champignon-Lauch-Gemüse, Seite 56
Südtiroler Schaufelbug mit Nudeln und Krautfleckerln, Seite 88
Apfelcreme mit karamellisierten Strudelteigblättern, Seite 128

11. Folge
Lauwarmer Nudelsalat, Seite 54
Spaghetti mit Sauce bolognese, Seite 48
Tagliatelle mit Garnelensauce, Seite 55
Rigatoni mit Käsesauce, Seite 52
Espressocreme mit Kaffeesahne, Seite 124

12. Folge
Dorade und Jacobsmuscheln auf mariniertem Peperonigemüse, Seite 68
Italienischer Wurstsalat, Seite 18
Pizza mit Steinpilzen und kandierten Tomaten, Seite 62

13. Folge
Zackenbarsch aus dem Ofen auf Bohnengemüse, Seite 70
Gebratene Kalbsleberravioli mit Wirsing und Aprikosen, Seite 46
Geschmorte Rehschulter mit Grappabirne, Seite 116

14. Folge
Rotbarbe mit gebratenem Gemüse und Proseccosauce, Seite 74
Pappardelle mit Gänseragout, Seite 108
Rosa gebratene Barbarie-Entenbrust mit winterlichem Gemüse, Seite 102